青春文庫

1秒ドリル！ 大人の英単語

小池直己 佐藤誠司

JN045003

青春出版社

パラパラ見るだけで記憶に
残る〝新感覚〟の英語レッスン

　本書では，日本人が仕事や生活の中で使える英語の知識を，さまざまなジャンル・形式・レベルのクイズを通じて身につけます。

　問題は初級・中級・ハイレベルの３レベルに分かれており，それぞれのレベルにＡ（単語に関連する語法・文法・発音・一般常識など）とＢ（日本語と英語の単語・フレーズの言い換え）の２種類の問いが入っています。

　最初はやさしい問いからスタートして，徐々に難しくなります。英語力に自信がある人でも，第５・６章の問いにはかなり手ごたえを感じるでしょう。それぞれの章に入っている問いの例を挙げておきます。

　１章（初級Ａ）：brush・paste・pick・ache から連想
　　　　　　　　される語は？（→ p.22）

　２章（初級Ｂ）：「不注意なミス」を英語に直すと？
　　　　　　　　（→ p.107）

　３章（中級Ａ）：「私には兄弟も姉妹もいません。＝
　　　　　　　　I don't have brothers（and/or）
　　　　　　　　sisters.」の（　）に入る正しい方は？

　本書は，高校生から社会人まで幅広い層の英語学習者を対象としています。1問1答式で問題のすぐ下に正解と解説を示しているので，短い空き時間を利用して少しずつ読み進めることができます。気軽に楽しみながら，実用的な英語力を身につけてください。この本のすべての問題が解けるようになれば，相当に高いレベルの英語力が身につくはずです。

　2020 年 9 月

小池直己・佐藤誠司

1秒ドリル！ 大人の英単語■目次

2章 ┃ **1秒で英語にしたい言葉だけを 集めました〈初級編〉** ———— 75

3章 │ これがわかると、英語にグンと
自信がつきます〈中級編〉 ──────── **155**

5章 ここが英語のできる人と苦手な人の 分かれ道です〈ハイレベル編〉 ──── **313**

6章 | 一目置かれる英語力に必要な
言葉だけを集めました〈ハイレベル編〉── **365**

本文イラスト■いしかわけん
ＤＴＰ■フジマックオフィス

1 章

ここであなたの本当の
英語力が試されています

〈初級編〉

1秒で答えられますか
——おさえておきたい単語とフレーズ①

□「缶切り」は英語で **can opener** と言います。では「栓抜き」は？

【**bottle opener**】 ☞「ビンを開けるもの」の意味。動詞の語尾に -er や -or を加えると,「〜する人」または「〜するための道具［機械］」の意味になります。たとえば,refrigerator（冷蔵庫）は「冷蔵する機械」,hair dryer（ヘアードライアー）は「髪を乾かす道具」です。

□電車などの「自由席」は **free seat** とは言いません。何と言うでしょう？

【**unreserved seat**】 ☞ free seat だと「無料の席」と誤解されかねません。指定席は reserved seat なので,「指定［予約］されていない席」と考えて unreserved または non-reserved を使います。

□友人にどこへ行くのかとたずねたら, "I'm going to the シャッピンセナ ." と答えました。カタカナをつづり字に直してください。

【shopping center】☞ center（センター）は，くずして読むと「セナ」と聞こえます。t の音はさまざまな音に変化し，twenty は「トゥエニ」，want to は「ワナ」，get out は「ゲラウト」，ビートルズのヒット曲「レット・イット・ビー（Let it be）」は「レリビー」のように聞こえます。

□teenager とは，何歳から何歳までの人のこと？

【13〜19歳】☞ 数字の語尾に teen がつくのは，thirteen から nineteen まで。アメリカ英語では teenager の代わりに teen もよく使い，「10 代の頃に」は in one's teens と言います。

□MT □ TFSS の 7 文字が何を表すかを考えて，□に適切な文字を入れてください。

【W】☞ 曜日の頭文字を並べたもの。順に Monday・Tuesday・Wednesday・Thursday・Friday・Saturday・Sunday です。

□sing の専門家は singer，piano の専門家は pianist。では，次のものを専門に扱う人は何と言うでしょう？
① law（法律）② flower（花）③ chemistry（化学）
④ politics（政治）

【① lawyer, ② florist, ③ chemist, ④ politician】

☞ 順に「法律家，弁護士」，「花屋」，「化学者」，「政治家」。そのほか，grocery（食料（雑貨）品）を扱う人はgrocer，diplomacy（外交）の専門家はdiplomat（外交官）です。

□次のセリフが出てくる有名な童話のタイトルは何？

Let me see if it will not fit me.

【シンデレラ】 ☞ 「それが私に合わないかどうか確かめさせてください」の意味。it（それ）とは，シンデレラが残した靴のこと。王子は舞踏会でシンデレラの足から脱げた片方の靴を手がかりに，彼女を探します。

□memorial service の意味は，結婚式・卒業式・追悼式のどれ？

【追悼式】 ☞ memorial には「記憶［記念］の」のほかに「追悼［葬式］の」の意味があります。アメリカには Memorial Day（戦没将校追悼記念日）という公休日があります。また memorial park は「記念公園，共同墓地」です。

□飼われているウサギは rabbit。では野ウサギは？

【hare】 ☞ ルイス・キャロルの「不思議の国のアリス」に，March hare というウサギが出てきます。繁殖期の3月に

はウサギがおかしな行動を取るという伝承に由来したものです。

□ **正しい英訳を1つ選んでください。**
①ティッシュペーパー tissue paper
②スイートルーム sweet room
③フリーマーケット free market

【①】☞ （ホテルの）スイートルームは suite と言い、「ひと続きの部屋」の意味です。sweet（甘い）とは関係ありません。フリーマーケットは flea market。日本語に直すと「蚤（のみ）の市」です。

2
1秒で答えられますか
──おさえておきたい単語とフレーズ②

□ **次のなぞなぞに1語で答えてください。**
What is the largest ant in the world?

【elephant】☞ 「世界一大きな ant（アリ）は何?」の答えは，elephant（象）。次のなぞなぞも同じタイプです。
・What is a dog that has no tail?（しっぽのない dog（犬）

は何？）（答：hotdog）

・What is a nation that students are afraid of? （学生が
こわがる nation（国）は何？）（答：examination ＝試験）

□ **自動車の前部のライトは head light ですが，後部の
ライトは何と言うでしょう？**

【tail light】☞ head（頭部）と tail（尾（部），後部）
はしばしば対にして使います。コインの表は head，裏は
tail。Head or tail? は，コインを投げ上げて「裏か表か？」
と言うときに使う表現です。

□ **アメリカで人口の多い都市のベスト５は，New York,
（ ），（ ），Houston, Phoenix。空所に入る２つの都市
を答えてください。**

【Los Angeles, Chicago】☞ ちなみに London の人口は
New York よりも多く，カナダ最大の都市 Toront は
Chicago の次に入ります。世界の都市人口のベスト５
（2018 年現在）は，上海，北京，ムンバイ（インド：旧
称はボンベイ），デリー（インド），カラチ（パキスタン）
です。

□ **日本人が自分を指すときは，人差し指の先を自分の
鼻の前に持っていきます。アメリカ人が自分を指す
ときは，どの指をどこへ持っていくでしょう？**

【親指を胸の前へ】☞ このほか日米で異なるジェスチャーの例を挙げると，人を手招きする際に日本人は手の平を下に向けて動かしますが，アメリカ人は手の平を上に向けて同じ動作をします。下に向けると「あっちへ行け」という意味に誤解されるので注意しましょう。

□次の都市名を日本語に直してください。
① Beijing ② Athens ③ Vienna ④ Naples

【①北京，②アテネ，③ウィーン，④ナポリ】☞ 英語圏以外の人名にも注意。たとえば Caesar（シーザー），Goethe（ゲーテ），Gogh（ゴッホ），Confucius（孔子），Genghis Khan（ジンギスカン）など。

□正しい説明を１つ選んでください。
①缶詰の「缶」は，英語の can に由来する。
②アイスクリームのコーン（台）は「とうもろこし」の意味。
③チリソースは，南米のチリで生まれた。
④ウインナー（ソーセージ）は，winner（勝者）に由来する。

【①】☞ 缶詰の「缶」は，英語の can に同じ音を持つ漢字「罐」を充てたもの。アイスクリームのコーンは，corn（とうもろこし）ではなくcone（円錐）の意味。道路工事などで使うカラーコーンもcone と言います。なお，コンビーフの「コン」はcorned（塩漬けされた）です。チリソー

スのチリは chili（トウガラシのさや）。国名のチリは Chile
です。ウインナーは Vienna（ウィーン）に由来します。

───────────────────────────────

☐ go downtown とは，どんな場所へ行くこと？
①庶民的な場所 ②にぎやかな場所 ③犯罪の多い場所

【②】☞ downtown は「中心［繁華］街へ」の意味の副
詞です。反意語は uptown で，「（都心から外れた）住宅
街へ」の意味。日本語の「山の手」に当たる英語は
uptown ですが，「下町」は downtown とは言いません。

───────────────────────────────

☐ 次のなぞなぞに 1 語の英語で答えてください。
I have eight legs. I make a web to catch small insects.
What am I?

【spider】☞ 「私は 8 本の脚を持ちます。私は小さな虫
をつかまえるために網を作ります。私は何でしょう」。答え
は「クモ」。

───────────────────────────────

☐ brush・paste・pick・ache から連想される語は？

【tooth】☞ toothbrush は歯ブラシ，toothpaste は（練
り）歯磨き，toothpick はつまようじ，toothache は歯痛
です。

3 1秒で答えられますか
──おさえておきたい単語とフレーズ③

□**次のなぞなぞに1語の英語で答えてください。**
My skin is usually made of rubber and my body is full of air. What I am?

【**balloon**】 ☞ 「私の皮膚はたいていゴム製で，体には空気が詰まっています。私は何でしょう」。答えは「風船」。

□**chair・camera・post・fire・space に共通する性質は？**

【**後ろに man を加えた名詞がある**】 ☞ chairman は「議長」，cameraman は「（映画などの）カメラマン」（写真家は photographer），postman は郵便配達員（イギリス英語），fireman は消防士，spaceman は宇宙飛行士。ただし近年では PC（political correctness）の観点から，議長は chairperson，郵便配達員は mail carrier，消防士は fire fighter のように言い換えるのが一般的です。

□**次のジョークの意味が通るように，空所に適語を入れてください。**
"Why is the theater so hot?" "Because there is a (　) in it."

【heater】☞「劇場はなぜそんなに暑いのか?」「中に
ヒーターがあるから」。theater(劇場)という語のつづり
には,heaterという文字が含まれています。

□正しい説明を1つ選んでください。
①卵の白身は white。 ②リンゴの芯は heart。
③タコの足は foot。 ④パンの耳は ear。

【①】☞ 卵の白身は white です(黄身は yolk)。リンゴ
の芯は core。タコの足は arm または tentacle(触手)。
パンの耳は crust。パイの皮や地殻も crust と言います。

□空港の電光掲示などにある ETA は,「到着予定時刻
(estimated time of arrival)」のこと。では,「出発
予定時刻」を表す ETD の D は,どんな単語の頭文字
でしょう?

【departure】☞「出発」は departure。depart(出発
する = de「離れる」+ part「分ける」)の名詞形です。
apartment(アパート(の一部屋)),participate(参加す
る=部分を取る),party(仲間)なども,「分ける」の意
味の part から出た言葉です。

□Help Wanted という掲示の意味は?

24

【従業員募集中】☞ 「従業員（help）が求められている」がもとの意味。Wanted a Cook（料理人募集）のようにも使います。want[classified] ad は求人［案内］広告,You're wanted on the phone. は「君に電話だよ」の意味です。

---

4 どんな言葉を連想しますか？

☐ letter・wall・news・copy から連想される語は？

【paper】☞ letter paper は便せん, wallpaper は壁紙,newspaper は新聞, copy(ing) paper はコピー用紙。そのほか, 画用紙は drawing paper, 原稿用紙は manuscript paper, ボール紙は cardboard です。

☐ single・rest・living・banquet から連想される語は？

【room】☞ single room は（ホテルの）シングルの部屋,restroom はトイレ, living room は居間, banquet room は宴会場。そのほか, 食堂は dining room, 待合室は waiting room, 応接室は reception room です。

☐**natural・frozen・fast・baby から連想される語は？**

【food】☞ natural food は自然食品，frozen food は冷凍食品，fast food はファーストフード，baby food は幼児食。そのほか，缶詰食品は canned food，保存食品は preserved food，加工食品は processed food です。

☐**straight・thin・false・body から連想される語は？**

【hair】☞ straight hair は直毛，thin hair は薄い髪，false hair はかつら，body hair は体毛。そのほか，白髪は gray hair，ウェーブのかかった髪は wavy hair，犬の毛は dog hair です。

☐**bed・shop・clock・pot・arrangement から連想される語は？**

【flower】☞ flower bed は花壇，flower shop は花屋，flower clock は花時計，flower pot は植木鉢，flower arrangement は生け花［華道］です。

☐**bag・book・ball・rail・shake から連想される語は？**

【hand】☞ handbag はハンドバッグ，handbook は手引書，handball はハンドボール，handrail は手すり，

handshake は握手です。

□ **board・man・tire・ball・flake・storm から連想される語は？**

【snow】 ☞ snowboard はスノーボード, snowman は雪だるま（または雪男）, snow tire は（車の）スノータイヤ, snowball は雪玉（雪合戦は snowball fight）, snow flake は雪片, snowstorm は吹雪（rainstorm は暴風雨）です。

□ **Swan・Harp・Twins・Great Bear から連想されるものを，日本語で答えてください。**

【星座】 ☞ 順に「白鳥座」「こと座」「ふたご座」「おおぐま座」。おおぐま座には the Polar Star（北極星）があります。「星座」は英語で constellation。語源は con（ともに）＋ stella（星）です。

---

5 ## ここで間違える日本人の英語
——英語的発想の極意

□ **仕事の相手などと面会の約束をすることを「アポを**

取る」と言いますが，「アポ」に当たる英語は？

【appointment】 ☞ I have an appointment with a client at 3. （3時に顧客と約束がある）のように使います。engagement も「約束」で，「婚約」の意味でも使います。婚約指輪を「エンゲージリング」と言いますが，正しい英語は engagement ring です。

☐**cock-a-doodle-doo は，ある動物の鳴き声です。日本語に直すと？**

【コケコッコー】 ☞ そのほか，犬の鳴き声は bow-wow（ワンワン），ネコは mew（ニャー），ブタは oink（ブーブー），牛は moo（モー）。また馬がいななくのは neigh，ネズミがチューチュー鳴くのは squeak，鳥がさえずるのは sing [chirp]，ハチがぶんぶんうなるのは buzz と言います。

☐**ユーチューブ（YouTube）の「チューブ」とは，どういう意味？**

【テレビ】 ☞ YouTube は「あなた（視聴者）が作るテレビ」という意味をこめて命名されたものです。tube のもともとの意味は「管」で，テレビのブラウン管（Braun tube ＝考案者に由来する名称）も tube と言うことから，tube は「テレビ」の意味でも使われます。

□**事務職員をホワイトカラーと言いますが，この「カラー」の意味は？**

【えり】☞ 「色（color）」ではありません。white collar はワイシャツの白いえりに由来する言葉です。ちなみに「Tシャツ」は T-shirt ですが，「ワイシャツ」は white shirt がなまったものです。

┈┈┈┈┈┈┈┈┈┈┈┈┈┈┈┈┈┈┈┈┈┈┈┈┈┈

□**飼い犬をしつけるとき，「おすわり！」は Down! または Sit! と言います。では，「お手！」は2語で何と言うでしょう？**

【Shake hands!】☞ shake hands は「握手する」の意味で，犬に「お手！」と言うときにも使います。「おあずけ！」は Wait! です。「犬に芸を仕込む」は teach a dog tricks と言います。

6 聞き取れますか？ 返せますか？

□**What time is it? と尋ねたら，It's five minutes to six. と言われました。今は何時でしょう？**

【5 時 55 分】☞ 「6時まで5分です」ということ。It's five fifty-five. と同じ意味です。「6時10分です」は，It's ten minutes past six. または It's six ten. と言います。

□アメリカ人の友人に「どこへ行くの？」と尋ねたら，I'm going to the ハスペロウ . と答えました。どこへ行くのでしょう？

【病院】☞ 単語の最後のl（エル）は，「ル」ではなく「ウ」や「オ」に近い音になります。したがって hospital は「ハスペロウ」。同様に beautiful は「ビウリホ」，wonderful は「ワンダホ」，pencil は「ペンツォ」のように聞こえます。

□「ハンバーガーを2つ持ち帰りにしてください」を英訳すると？

【Two hamburgers to go, please.】☞ to go は「持ち帰りの」の意味。ハンバーガー店などでは，For here or to go?（こちらでお召し上がりですか，それともお持ち帰りですか？）がよく使われます。また「持ち帰りのピザ」は takeout pizza です。

□He got fired. と言えば，彼はどうなったのでしょう？

【仕事をくびになった】 ☞ 日本はかつて刀社会だった名残で，解雇することを「首を切る」と言います。一方銃社会のアメリカでは，「銃を発射する」の意味の fire を用いて，You're fired!（おまえは首だ）のように言います。よりフォーマルな語は dismiss（解雇する）です。

・・

☐ **レストランで「メニューをください」と言うとき，適切な表現はどちら？**
　① Can I have a menu? ② Give me a menu, please.

【①】 ☞ ①は「メニューをもらえますか」の意味の自然な表現。②だと「メニューを（ただで）譲ってください」と言っているように響きます。注文する場合も，たとえば「コーヒーをください」は (I'd like) coffee, please. です。Give me coffee, please. とは言わないように。

・・

☐ **「カラオケに行かない？」を英訳してください。**

【How about going to karaoke?】 ☞ How about 〜？は「〜するのはどうですか」の意味の日常表現。karaoke は「カラオケ（という娯楽）」の意味の不可算名詞で，go to karaoke, sing (a song) at karaoke のように使います。「カラオケ店」は a karaoke place などと言います。

・・

☐ **(　) 内に入る適切な文を選んでください。**
　「リモコンを取ってよ」「はい，どうぞ」

"Pass me the remote." "( )"
① I'll pass. ② Here you are. ③ Help yourself.

【②】☞ Here you are. は相手に物を手渡すときの決まり文句で，Here it is. とも言います。I('ll) pass. は「パスします，ご遠慮します」で，相手の誘いを断るときの言い方。Help yourself. は「どうぞめしあがれ［自由に取って食べてください］」。この help は「給仕する」の意味です。

──────────────

☐ **2つの文が表す状況の違いを説明してください。**
　① He has lost his passport. ② He lost his passport.

【①では，彼は今パスポートを持っていない。②ではそうとは限らない。】☞ ①の現在完了形（has lost）は，「今はパスポートをなくした状態だ」ということ。②の過去形（lost）は，「（過去に）パスポートをなくした」と言っているだけで，今の状態は語っていません。

──────────────

☐ **「さようなら」の意味で使えないものを1つ選んでください。**
　① See you. ② So long. ③ Take care. ④ Go ahead.

【④】☞ Go ahead. は「どうぞ遠慮なく」と相手の行動を促す場合などに使います。相手と別れるときの言葉はほかにもたくさんあり，See [Catch] you later.，Take it easy. なども「さようなら」の意味で使えます。

7 やってはいけない！英語の言い方、書き方、聞き方

□「台風」のつづりを英語で書くと？

【typhoon】 ☞ ph は [f]（フ）と発音します。telephone（電話），physical（肉体の）なども同様。また語尾の -oo, -oon には強勢を置くので，typhóon, shampóo（シャンプー）などは後ろを強く読みます。

□「レシート＝ recei □ t」の□に入る文字は？

【p】 ☞ 発音しない子音字を「黙字」と言います。英単語にはしばしば黙字が含まれており，たとえば Wednesday（水曜日），hour（時間），thought（考え）などの下線部の子音字は発音しません。

□ IOC（国際オリンピック委員会）を，正確なつづりで書いてください。

【International Olympic Committee】 ☞ committee（委員会）のつづりに注意。「2020 年の東京オリンピック」は，the 2020 Tokyo Olympic Games と言います。

2020 の読み方は，twenty-twenty または two thousand twenty です。

□ **two hundred thousand を数字に直してください。**

【200,000】☞ 200 × 1,000 ということ。英語の数字はコンマのところで 3 桁ずつ区切り，その位置が順に thousand，million，billion の位になります。たとえば「3000 万円（30,000,000 yen）」は，thirty million yen と読みます。

□ **guitar・hotel・image・police のうち，最初を強く読む語を 1 つ選んでください。**

【image】☞ guitár（ギター），hotél（ホテル），políce（警察）は，後ろを強く読みます。ímage（像）は前を強く読む語で，日本語の「イメージ」とは読み方が違うので注意。同様に dámage（損害）や mánager（管理者，経営者）も，日本語の「ダメージ」「マネージャー」とは違って前を強く読みます。

□ **onion・front・only・oven のうち，下線部の発音が他の 3 つと違うのは？**

【only】☞ only の o は [ou]（オウ），他の 3 つの語の o は [ʌ]（ア）と読みます。英語の音に近いカタカナに直すと，

onion（たまねぎ）は「アニャン」，front（前）は「フラント」，only（ただ〜だけ）は「オウンリ」，oven（オーブン）は「アヴン」です。

□ **ta̲il・fa̲ke・la̲y・sa̲id のうち，下線部の発音が他の3つと違うのは？**

【said】 ☞ 読み方をカタカナで書くと，順に「テイル」（尾），「フェイク」（にせの），「レイ」（〜を横たえる），「セッド」（言った）。つづり字の a は，アルファベット読みでは「エイ」。ai や ay も「エイ」と読むのが原則です。said は例外で，「セイド」ではなく「セッド」と読みます。

□ **learn・like・listen・live・look・lose・love から，他の語とは違う性質を持つものを1つ選んでください。**

【lose】 ☞ 他の6語は規則動詞で，語尾に -(e)d を加えて過去形・過去分詞を作ります。lose（失う）だけは不規則動詞で，活用は lose-lost-lost です。

□ **カタカナのように聞こえる音を，英語に直してください。①ゲラウト！ ②I have アララヴ work to do.**

【① Get out! ② a lot of】 ☞ t の音はしばしばラ行の音に変化します。①は「出て行け」，②は「やるべき多くの仕事がある」の意味です。

□つづりが正しいものを２つ選んでください。
　　① sentense（文）② neccesary（必要な）
　　③ enviroment（環境）④ stomack（胃）
　　⑤ restaurant（レストラン）⑥ acter（俳優）
　　⑦ accessory（アクセサリー）
　　⑧ comunication（コミュニケーション）

【⑤⑦】☞ これら以外の正しいつづりは，① sentence,
② necessary, ③ environment, ④ stomach, ⑥ actor,
⑧ communication です。ライティングで before を befor,
until を untill と書くミスなどがよく見られるので注意して
ください。

──────────────────────────────

□sheep・carp・deer・frog のうち，「仲間はずれ」の語は？

【frog】☞ frog（カエル）の複数形は frogs ですが，
sheep（ヒツジ），carp（コイ），deer（シカ）は複数でも
s をつけません。fish も同様で，たとえば「3匹の魚」は
three fish [×fishes] と言います。

──────────────────────────────

□information（情報）・furniture（家具）・computer
（コンピューター）・baggage（手荷物）・milk（ミル
ク）・advice（忠告）から，他の語とは違う性質を持
つものを１つ選んでください。

【computer】☞ 他の5語は不可算名詞（数えられない名詞）で，前に a/an をつけたり複数形にしたりすることはできません。computer は可算名詞（数えられる名詞）なので，1台なら a computer， 2台以上なら computers と言います。

8 日常生活でよく使う言い方
—— 空所に適語を入れる①

☐ **空所に適語を入れてください。**
隣に座ってもかまいませんか。
Do you mind ( ) I sit next to you?

【if】☞ mind は「気にする，いやがる」の意味の動詞。この文は「もし私があなたの隣に座ったら，あなたはいやですか」ということ。「かまいません」と答えるときは，No, not at all.， Of course not. などを使って「いやではない」の意味を表します。

☐ **空所に適語を入れてください。**
トイレをお借りできますか。 Can I ( ) the bathroom?

【use】☞ borrow は借りて持って行くものに使うのが普

37

通で，たとえば borrow a bicycle（自転車を借りる）のように言います。「トイレを借りる」は「トイレを使う」と考えて，use で表します。

□ **空所に適語を入れてください。**
このマンガ，わくわくするね。
This comic is exciting, ( ) ( )?

【isn't it】☞ 「～ですね」と念を押したり確認したりするには，このような形（付加疑問）を使います。前が肯定なら否定（～ n't）の形を，前が否定なら肯定の形にします。「まだ決めていないよね」なら，You haven't decided yet, have you? となります。

□ **空所に適語を入れてください。**
ひょっとして中井さんをご存知でしょうか？
Do you ( ) to know Mr. Nakai?

【happen】☞ happen は「起こる」の意味ですが，happen to do で「たまたま～する」の意味を表します。hap は「偶然，幸運」の意味で，同じ語源を持つ語に happy（幸福な），perhaps（たぶん），haphazard（計画性のない），mishap（災難）などがあります。

□ **空所に適語を入れてください。**
これは何の絵ですか。 What is this picture ( )?

【of】☞ This picture is of my garden.（これは私の庭の絵です）のような文の下線部を尋ねる形です。「これは誰の絵ですか」なら Who is this picture of?,「これは誰が描いた絵ですか」は Who is this picture by? と表現できます。

9 何が起きてる？
——空所に適語を入れる②

□**空所に適語を入れてください。**
乗るバスを間違えた。 I took the (　) bus.

【wrong】☞ wrong は right（正しい）の反意語で、「正しくない」ということ。「間違った答え」は wrong answer, 電話で「番号をお間違えですよ」は You have the wrong number. と言います。

□**空所に適語を入れてください。**
大きな犬がほえている。 A big dog is (　).

【barking】☞ 犬が「ほえる」は bark。「遠吠えする」

は howl，「うなる」は growl。一方，ライオンが「ほえる」は roar を使います。また「犬がしっぽを振っている」はThe dog is wagging its tail. と言います。

□ 空所に適語を入れてください。
あのエスカレーターは現在動いていません。
That escalator isn't (　) now.

【working】☞ エスカレーターがどこかへ移動するわけではないので，moving は誤り。「正常に作動する」の意味の work を使います。That escalator is out of service now. とも言います。

□ 空所に適語を入れてください。
日本チームは1ゴール差で負けている。
Japan is one goal (　).

【behind】☞ 日本語でも，試合に負けている状況を「ビハインド」と言います。逆に「勝っている」は，ahead で表します。behind は「後方に」，ahead は「前方に」がもとの意味。「私たちは予定より10分遅れて［早く］着いた」は，We arrived ten minutes behind [ahead of] schedule. と言います。

10 自分のこと、説明できますか？
——空所に適語を入れる③

☐ **空所に適語を入れてください。**
私は日曜日と水曜日が休みです。
I'm ( ) on Sunday and Wednesday.

【off】☞ off は「休みだ，非番だ」の意味。「今日は休みです」は I'm off (duty) today.,「１日休みを取る」は take a day off と言います。

☐ **空所に適語を入れてください。**
世界旅行がしたい。 I want to travel ( ) the world.

【around】☞ in は「入れ物の内部で」というイメージを持つので，in the world だと「世界の外」と対比するような響きになり不自然です。travel around the world なら「世界をぐるっと回って旅行する」という意味になります。

☐ **空所に適語を入れてください。**
お金が足りないので外国旅行に行けない。
① I can't travel abroad ( ) I don't have enough money.
② I don't have enough money, ( ) I can't travel abroad.

41

【① because, ② so】 ☞ ① では,「～なので」は
because で表すのが最も一般的。since や as にもその意
味があります。②では,「だから」の意味の so を使います。
前後が入れ替わる点に注意してください。

□空所に適語を入れてください。
そのレストランは月曜日が定休日です。
That restaurant is (　) on Monday.

【closed】 ☞ 人間が休みのときは off ですが，店が休み
のときは closed（閉まっている）を使います。「開いてい
る」は形容詞の open で表します（opened は誤り）。

□空所に適語を入れてください。
彼女のお母さんは確か看護師のはずだ。
I (　) her mother is a nurse.

【believe】 ☞ believe は「確か（に）～だと思う」の意
味で使えます。Her mother is a nurse, I believe. のよう
に，最後に I believe を添えて言うこともできます。I
think や I remember なども同様です。

□空所に適語を入れてください。
（残念ながら）明日は雨が降りそうだ。
I'm (　) it will rain tomorrow.

【afraid】☞ I'm afraid (that) ～は「～ということを恐れている」の意味ですが,「～だろう」と悪い予想をする場合にも使います。自分の行動について使うと sorry に近い意味になり,たとえば「すみませんがお手伝いできません」は I'm afraid I can't help you. と表現できます。よい予想には I hope を使い,I hope it will be sunny tomorrow.（明日は晴れるといいですね）などと言います。

☐ **空所に適語を入れてください。**
（バスの）窓から顔を出してはいけません。
Don't put your (   ) out of the window.

【head】☞ 日本語では「顔を出すな」と言いますが,face は顔の表面を指す言葉であり,英語では「頭（head）を出すな」と言います。物の前面も face と言い,トランプのカードの表を上にして置くのは face up,表を伏せて置くのは face down です。

☐ **空所に適語を入れてください。**
部屋の大掃除に半日かかった。
It (   ) half a day to clean up my room.

【took】☞ take は「（時間が）かかる」。It takes ＋（人＋）時間＋ to do. の形で「（人が）～するのに…（の時間が）かかる」という意味を表します。

□空所に適語を入れてください。
彼女の家はお城みたいだった。
Her house looked (　) a castle.

【like】 ☞ look（〜に見える）の後ろには，形容詞や〈like ＋名詞〉などを置きます。「彼は具合が悪そうに見える」なら He looks sick.。この文では名詞（a castle）が続いているので，前に like（〜のように）を置きます。

□空所に適語を入れてください。
彼はいわゆるブラックな企業に勤めている。
He works for (　) is called a "black" company.

【what】 ☞ what はもともと関係代名詞で，what is called X は「X と呼ばれるもの，いわゆる X」の意味です。ちなみに「ブラック企業」は和製英語であり，単に black company と言えば「黒人の会社」などの意味に誤解されかねません。

□空所に適語を入れてください。
もしぼくが君なら，できるだけ早く彼女にプロポーズするよ。
If I (　) you, I would propose to her as soon as possible.

【were】 ☞ 後ろの would に合わせて，仮定法過去を使います。if I were you は決まり文句で「（実際には私はあ

44

なたではないが）もし私があなただったら」という意味。仮定法過去の be 動詞は，主語が何であっても were を使うのが基本です。

11 どうやって返す？
—— "いつもの会話" のやりとり

☐ **空所に適語を入れてください。**
「新車を買ったんだ」「そうなの？いつ？」
"I bought a new car." "( )( )? When?"

【**Did you**】 Did you (buy a new car)? の意味。このように相手の発言を受けて，疑問文の形で「そうなんですか」と確認する言い方はよく使われます（You did? とも言います）。たとえば I'm on a diet.（ダイエット中なの）と言われたら，Are you?（そうなの？）と返答できます。

☐ **空所に適語を入れてください。**
「スマホが見当たらないんだ」「なくしたってこと？」
"I can't find my smartphone." "You ( ) you've lost it?"

【**mean**】 (Do) you mean (that) you've lost it? を短

くした形。mean that 〜 は「〜ということを意味する、〜
のつもりで言う」。会話でよく使う表現です。

☐ 空所に適語を入れてください。
「彼は失恋したばかりなんだ」「ああ、だからあんなに落ち
込んでいるのね」
"He's just lost his love." "Oh, that's (　) he looks so
depressed."

【why】☞ That's why 〜 は「それが〜である理由だ→
そういうわけで〜」の意味。why 以下の状況をお互いが
わかっている状況なら、単に That's why.（なるほどね）
と言うこともできます。

☐ 空所に適語を入れてください。
「リサも誘いましょう」「わかった。来られるかどうか聞い
てみるよ」
"Let's invite Lisa, too." "OK. I'll ask her (　) she can come."

【if】☞ if には、「もし〜なら」のほかに、「〜かどうか」
の意味もあります。書き言葉では whether も使います。

☐ 空所に適語を入れてください。
「私は運転免許を持っていません」「私もそうです」
"I don't have a driver's license." "(　), (　)."

【Me, neither】 ☞ I don't, either., Neither do I. とも言います。I have a driver's license.（私は運転免許を持っています）に対して「私もそうです」と答える場合は，Me, too. や So do I. などを使います。

☐ **空所に適語を入れてください。**
「なぜ約束を破ったの？」「ごめん。しかたがなかったんだ」
"Why did you break your promise?" "I'm sorry. I couldn't ( ) it."

【help】 ☞ この help は「避ける（avoid）」の意味で，「避けることができなかった」ということ。It can't be helped.（しかたがない，どうしようもない），can't help ～ ing（～しないではいられない）なども，よく使う表現です。

☐ **空所に適語を入れてください。**
「パクチーは好き？」「あんまり」
"Do you like pakuchi?" "Not ( )."

【really】 ☞ I don't really like it.（私はそれがあまり好きではない）の意味。Not really. は幅広く使える表現で，たとえば Have you been busy lately?（最近忙しいの？）という問いかけには，Not really.（そうでもないよ）と答えることができます。

☐ **空所に適語を入れてください。**
「試験に落ちそうだ」「大丈夫だよ。元気を出して！」

"I'm afraid I'll fail the exam." "Oh, come ( ), cheer up!"

【on】 ☞ Come on! は会話でよく使うくだけた表現で，相手を励ましたり挑発したりして「大丈夫だ，がんばれ，さあ来い［やれ］，お願いだ」などの意味を表します。相手の発言に納得がいかなくて「冗談じゃない，やめろよ」という場合にも使います。

□空所に適語を入れてください。
「お湯はわいてる？」「まだよ」
"Is the water boiling?" "Not ( )."

【yet】 ☞ Not yet.（まだです）は，返答でよく使う表現。この対話では，The water isn't boiling yet.（お湯はまだ沸いていない）の意味です。I haven't decided yet.（まだ決めていない）も合わせて覚えておきましょう。

□空所に適語を入れてください。
「これはコピーする方がいいですか」「いや，しなくていいよ」
"Should I copy this?" "No, you don't ( ) ( )."

【have to】 ☞ You don't have to (copy it).（君はそれをコピーする必要はない）の意味。「～しなければならない」は have to または must で，「～しなくてもよい［する必要はない］」は don't have [need] to で表します。must not（～してはならない）との違いに注意してください。

48

12 対応する言葉が出てきますか

□sick：sickness ＝ hot：（　）の空所に入る語は？

【heat】 ☞ 形容詞：名詞の関係です。sick は「病気の」（形容詞），sickness は「病気」（名詞）。したがって空所には，hot（暑い）の名詞形である heat（暑さ）が入ります。

- -

□autumn：fall ＝ trousers：（　）の空所に入る語は？

【pants】 ☞ イギリス英語：アメリカ英語の関係です。「秋」はイギリス英語では autumn，アメリカ英語では fall。同様に「ズボン」は，イギリス英語では trousers，アメリカ英語では pants です。また elevator（エレベーター）はアメリカ英語で，イギリス英語では lift と言います。

- -

□one：first ＝ nine：（　）の空所に入る語は？

【ninth】 ☞ 基数詞：序数詞の関係。「1：1番目の＝9：9番目の」で，空所に入るのは ninth。つづりに注意しましょう。ちなみに「90」は ninety。「90番目の」は

ninetieth で,「ナインティエス」と読みます。

□**happy：unhappy ＝ formal：（ ）の空所に入る語は？**

【**informal**】☞ 否定の意味を表す代表的な接頭辞は un
で, unhappy（不幸な）, unlucky（不運な）など多数の
例があります。formal（正式の）の反意語は informal（略
式の）。そのほか, abnormal（異常な）, impossible（不
可能な）, incorrect（不正確な）, illegal（非合法な）,
irregular（不規則な）, dislike（きらう）, non-fiction（ノ
ンフィクション）などにも注意。

□**aunt：uncle ＝ niece：（ ）の空所に入る語は？**

【**nephew**】☞ 女性：男性の関係です。aunt は「おば」,
uncle は「おじ」。niece は「めい」だから, 空所に入るの
は nephew（おい）です。男女で違う語を使うその他の例
には, king（王）と queen（女王）, emperor（皇帝）と
empress（女帝）などがあります。

□**right：write ＝ wait：（ ）の空所に入る語は？**

【**weight**】☞ 異なるつづりで同じ発音を持つ語を問う問
題。right（正しい, 右）と write（書く）はどちらも [rait]
と読みます。wait [weit]（待つ）と同じ発音を持つつづり
の違う語は, weight（重さ）です。

□**Germany：German ＝ Holland：(　　) の空所に入る語は？**

【**Dutch**】☞ 国名と形容詞［言語名］の関係です。Germany は「ドイツ」，German は「ドイツの，ドイツ語」。Holland は「オランダ」（the Netherlands とも言います），Dutch は「オランダの，オランダ語」。そのほか，Thailand（タイ）と Thai（タイの，タイ語），Switzerland（スイス）と Swiss（スイスの）などにも注意。

13 日本語から考えてはいけない
―― 正しいのはどっち？ ①

□**(　) 内から正しい方を選んでください。**
私たちは家庭菜園で野菜を育てています。
We (grow / grow up) vegetables in our home garden.

【**grow**】☞ 「（植物を）育てる，栽培する」は grow。grow up は「成長する」という意味です。また「（人を）育てる」は bring up，raise，rear で，「（家畜や販売用のペットを）育てる，繁殖させる」は breed で表します。

□( )内から正しい方を選んでください。
また会えてうれしいです。
I'm glad to (meet / see) you again.

【see】☞ 初対面のときは I'm glad to meet you.（お会い
できてうれしいです［はじめまして］）とあいさつしますが，
既に会ったことのある人に再会するときは see を使います。

□( )内から正しい方を選んでください。
見て！あのおりにライオンがいるよ。
(Look / Watch)! There's a lion in that cage.

【Look】☞ 「目を向ける」は look。「あのライオンを見
なさい」なら Look at that lion. と言います。watch は動
いているものを（じっと）見つめること。bird watching
（野鳥観察）などがその例です。

□( )内から正しい方を選んでください。
この運動は体重を減らすのに役立ちます。
This exercise helps (lose / losing) weight.

【lose】☞ 〈help ＋ O ＋ (to) do〉は「O が～するのに
役立つ」。この O を省略することができます。This
exercise helps (you/people) (to) lose weight. の ( ) 内を
省略した形です。

52

□( ) 内から正しい方を選んでください。

彼女は手を振りながら私にさようならと言った。

She said goodbye to me, (shaking / waving) her hand.

【waving】 ☞ shake は，上下や前後に振る動作を表します。「握手する」は shake hands です。手や旗などを振ってあいさつや合図をするときは，wave を使います。

───────────────────────

□( ) 内から正しい方を選んでください。

納屋に雷が落ちた。

The barn was hit by (lightning / thunder).

【lightning】 ☞ lightning は「稲光，雷」，thunder は「雷鳴」。「雷が光った」は The lightning flashed.，「雷が鳴った」は Thunder rolled [cracked]. と言います。

───────────────────────

□( ) 内から正しい方を選んでください。

これは役に立つガイドブックです。

This is (a / an) useful guidebook.

【a】 ☞ an は，後ろの語が母音で始まる場合に使います。母音とは，日本語のアイウエオに近い音のこと。一方，母音字とは a・i・u・e・o の5文字です。useful の u は母音字ですが，発音は [juːsfl]。最初の [j] は母音ではないので，an は使いません。一方，たとえば hour（時間）の

h は子音字ですが，発音（[auər]）が母音なので,「1時間」は an hour と言います。

□( ) 内から正しい方を選んでください。
「ポワソン」は「魚」の意味のフランス語です。
"Poisson" is a French word (meaning / to mean) "fish."

【meaning】☞ meaning = which means です。"Poisson" is a French word. ＋ It means "fish." (それ［そのフランス語の単語］は「魚」を意味する) ということ。不定詞は使えません。なお，meaning の代わりに for も使えます。

□( ) 内から正しいものを選んでください。
「明日は就職の面接があるの」「がんばってね」
"I have a job interview tomorrow." "Good (job / luck / chance)."

【luck】☞ Good luck. は，I wish you good luck. (幸運を祈ります) の意味。Good job. は「よくやった」で，Good going., Way to go. などとも言います。

14 日本語から考えてはいけない

―――正しいのはどっち？②

□（ ）内から正しい方を選んでください。

先月運転免許を取りました。

I (got / took) a driver's license last month.

【got】☞ 「手に入れる」の意味の get を使うのが正解。take を使うと，誰かの運転免許証を「盗んだ」ように響きます。

□（ ）内から正しい方を選んでください。

近年はインターネットで本を買う人が多い。

A lot of people buy books online in (recent / recently) years.

【recent】☞ recent は「最近の」（形容詞），recently は「最近」（副詞）。この文では後ろに years（名詞）があるので，形容詞を使うのが正解。recent years で「最近の（数）年」の意味を表します。

□（ ）内から正しい方を選んでください。

私はサッカーや野球などのスポーツが好きです。

55

I like sports such as soccer (and / or) baseball.

【and】☞ A or B は「AとBのどちらか一方」の意味です。この文の場合，サッカーも野球も好きなのだから，and を使う必要があります。

□( )内から正しい方を選んでください。
私の両親は東京生まれです。
(My both / Both my) parents (are / were) born in Tokyo.

【Both my, were】☞ both は，all・half などと同じように，冠詞や所有格の前に置きます。また「生まれた」のは過去のことだから，動詞は過去形の were を使います。

□( )内から正しい方を選んでください。
私は名古屋の郊外に住んでいます。
I live in (a / the) suburb of Nagoya.

【a】☞ 「名古屋の郊外（地区）」はたくさんあるので，「そのうちの1つ（の場所）に住んでいる」と言う場合の冠詞は a です。the を使うと，名古屋には郊外が1つしかないという響きになります。

□( )内から正しい方を選んでください。
私はタイガースのファンです。 I'm (a / the) Tigers' fan.

【a】☞ タイガースファンはたくさんおり，自分はその中の1人だという意味だから，a を使います。the だと「私は唯一のタイガースファンだ」のような響きになります。なお，正確な表現は I'm a fan of the Tigers. ですが，I'm a Tigers' fan. は普通に使う言い方です。

□( )内から正しい方を選んでください。
私は毎朝お弁当を作っています。
I (make / am making) my lunch every morning.

【make】☞ 習慣を表す現在形の例です。am making は「今作っているところだ」の意味。ただし，「以前はそうではなかったけれど，最近は作るようになった」のような一時的な状態を表すときは am making も使えます。

□( )内から正しい方を選んでください。
そのコンサートにどうしても行きたい。
I (just / really) want to go to the concert.

【really】☞ just want to ～は「ただ～したいだけだ」の意味。I just want to talk to you.（ちょっとお話ししたいだけです）のように使います。「どうしても」は definitely, desperately などでも表せますが，会話では really をよく使います。

□( )内から正しい方を選んでください。

午後は大雨だったので，買い物に行けなかった。
It rained so (heavy / heavily) in the afternoon that I
couldn't go shopping.

【heavily】 ☞ 「形容詞＋ ly ＝副詞」という関係があり
ます。heavy は「（雨が）激しい」（形容詞），heavily は
「激しく」（副詞）です。この文では，rained（動詞）を
修飾する heavily を使います。「激しい雨」は heavy rain
（形容詞＋名詞）です。

□( ) 内から正しいものを選んでください。
私は映画製作に興味がある。
I'm interested in making (film / a film / the film / films).

【films】 ☞ 「映画一般の制作」を表すには，films を使
うのが適切です。film は可算名詞だから，単数なら前に
冠詞が必要。a film は「（ある）1本の映画」，the film は
「その映画」の意味なので，日本語に合いません。

□( ) 内から正しい方を選んでください。
君がそのチケットを手に入れた方法を知りたい。
I want to know (the way / the way how) you got the
ticket.

【the way】 ☞ 「S が V する方法」は，the way S V ま
たは how S V で表します。the way how という形はあり

ません。 この 文 は I want to know how you got the
ticket. とも表現できます。 その場合, how 以下は How
did you get the ticket? という疑問文を間接疑問にした形
と解釈できます。

---

15 **日本語から考えてはいけない**
——正しいのはどっち？ ③

□( )内から正しい方を選んでください。
　私は常勤の仕事につきたい。
　I want to get a full-time (work / job).

【job】 ☞ work も job も「仕事」ですが, work は不可
算名詞, job は可算名詞です。 この文では, 前に a があ
るので job が正解。 このほか, 「交通渋滞」 は a traffic
jam ま た は traffic congestion。 jam は 可 算 名 詞,
congestion は不可算名詞です。

□( )内から正しい方を選んでください。
　台風は東京に近づいているそうだ。
　I hear the typhoon is (coming / approaching) to Tokyo.

【coming】☞ approach は「～に近づく」の意味の他動詞なので，to は不要です。enter (× into) a room (部屋に入る)，attend (× to) the meeting (会議に出席する) などにも注意。

□( )内から正しい方を選んでください。
「席を予約しなかったの？」「実は，そうなんだ。忘れていたよ」
"Didn't you reserve a table?" "Actually, (yes / no). I forgot."

【no】☞ 問いのような文を否定疑問文と言います。この問いに答えるには，普通の疑問文 (Did you reserve a table?) と同じように考えます。イエス (予約した) なら Yes, I did.，ノー (予約しなかった) なら No, I didn't.。したがって ( ) 内には no が入ります。

□( )内から正しい方を選んでください。
食事中にスマホを使わないで。
Don't use your smartphone (while / during) eating.

【while】☞ while eating = while you are eating です。「前置詞＋動名詞」の形はよく見られますが，during ～ ing という形はありません。その代わりに，「～している間」は while ～ ing で表します。

60

☐ **( ) 内から正しい方を選んでください。**
明日の午前中にお電話します。
I'll call you (next / tomorrow) morning.

【tomorrow】☞ 「来週の月曜日」は next Monday で
すが，「明日の午前中」は tomorrow morning と言います。
また，「きのうの午後」は last afternoon ではなく
yesterday afternoon です。

☐ **( ) 内からより自然な方を選んでください。**
何か趣味はありますか。
Do you have any (hobby / hobbies)?

【hobbies】☞ 趣味は1つとは限りません。2つ以上あり
うるものを尋ねるには，複数形を使います。たとえば「兄
弟姉妹はいますか」は Do you have brothers or sisters?
と言います。なお，英語の hobby は園芸・日曜大工など
積極的に手や体を動かす活動を指し，hobby を持たない
人もいます。「趣味は何ですか」と尋ねる場合は，What
do you do in your free time?（空いた時間には何をしま
すか）などと言うのがベターです。

☐ **( ) 内からより普通の言い方を選んでください。**
私は声優になりたい。
I want to (be / become) a voice actor.

【be】 ☞ become でも間違いではありませんが、「～にな
りたい＝ want to be ～」と覚えておきましょう。こちらの
方がよく使われます。

・・

□( )内からより普通の言い方を選んでください。
私は毎朝コーヒーを1杯飲みます。
I (drink / have) a cup of coffee every morning.

【have】 ☞ drink でも間違いではありませんが、have
の方が上品で普通の言い方です。またコーヒーは飲み物
なので、drink coffee だと「飲み物を飲む」ような意味の
重複が感じられると言うネイティブもいます。

・・

□( )内からより普通の言い方を選んでください。
「歯が痛いんだ」「歯医者へ行く方がいいよ」
"I have a toothache." "You (should / had better) see a
dentist."

【should】 ☞ had better も 使 え ま す が、You had
better ～は「～しないとどうなっても知らないぞ」という
脅しのような響きを持つことがあるので、相手に「～した
方がいいですよ」と勧めるときは You should ～を使うの
が無難です。

16 間違いに気づくかな

☐ **英文の誤りを訂正してください。**
私はネコが大好きです。 I like cat very much.

【cat → cats】☞ 英語には数えられる名詞（可算名詞）と数えられない名詞（不可算名詞）とがあります。この文は「ネコ全般が好きだ」の意味で，（特定の）1匹のネコが好きなわけではないから複数形（cats）を使います。

- -

☐ **英文の誤りを訂正してください。**
駅に着いたら電話するよ。
I'll call you when I'll get to the station.

【I'll get → I get】☞ 時や条件を表す接続詞（when, before, after, until, as soon as, if など）の後ろでは，未来のことも現在形で表すというルールがあります。

- -

☐ **英文の誤りを訂正してください。**
先週の金曜日に東京ディズニーリゾートへ行きました。
I went to Tokyo Disney Resort on last Friday.

【on を削除する】 ☞ next, last, this などを使って時を表す場合，前置詞は不要です。たとえば「けさ」は this morning,「来年」は next year で，前に前置詞（in など）はつけません。また，「日曜日に」は on Sunday ですが，「毎週日曜日に」は every Sunday です（on は不要）。

‥‥‥‥‥‥‥‥‥‥‥‥‥‥‥‥‥‥‥‥‥‥‥‥‥‥‥‥‥‥‥‥‥‥‥‥‥

□ **英文の誤りを訂正してください。**
That must be a fake news.
それはフェイクニュースに違いない。

【a を削除する】 ☞ news（ニュース，知らせ）は不可算名詞なので，a はつけられません。「1つのフェイクニュース」は a piece of fake news と言います。No news is good news.（便りがないのはよい知らせ［元気な証拠］だ）ということわざの場合も，good の前に a はつきません。

‥‥‥‥‥‥‥‥‥‥‥‥‥‥‥‥‥‥‥‥‥‥‥‥‥‥‥‥‥‥‥‥‥‥‥‥‥

□ **英文の誤りを訂正してください。**
テニス部員は30人です。　The tennis club is 30 members.

【is → has】 ☞ S is C.（S は C だ）の形で C が名詞のときは，S＝C の関係が成り立ちます。もとの文では the tennis club ＝ 30 members ではないので，is は使えません。「テニス部は30名の部員を持っている」と考えて，has や consists of（～から成る）を使うのが正しい形です。

‥‥‥‥‥‥‥‥‥‥‥‥‥‥‥‥‥‥‥‥‥‥‥‥‥‥‥‥‥‥‥‥‥‥‥‥‥

☐ 英文の誤りを訂正してください。

父はゆうべは 10 時に帰宅した。

My father came back to home at ten last night.

【to home → home】☞ home は「家に，家で」の意味の副詞です。前置詞（to）は名詞の前に置くので，home の前に to は不要。go abroad（外国へ行く）なども同様です。

☐ 英文の誤りを訂正してください。

田中先生は産休中です。

Teacher Tanaka is on maternity leave.

【Teacher → Ms.】☞ 学校の先生は，男性なら Mr. 〜，女性なら Ms. 〜をつけるのが一般的です。日本語とは違って，Teacher Tanaka のようには言いません。なお，大学教授は Professor Tanaka と言えます。

☐ 英文の誤りを訂正してください。

昼食にフライドチキンを 3 つ食べた。

I had three fried chickens for lunch.

【I had three pieces of fried chicken for lunch.】☞ 元の文だと「昼食に 3 羽の鶏を食べた」ことになります。「鶏肉」の意味の chicken は不可算名詞で，数えるときは a piece of を使います。

□ 英文の誤りを訂正してください。
私の考えはあなたとは少し違います。
My idea is a little different from you.

【you → yours】 ☞ 「私の考えはあなたの考え (your idea) とは少し違う」という意味だから，your idea を yours (あなたのもの) で言い換えます。mine, yours, his など「～のもの」を表す代名詞を，所有代名詞と言います。

□ 英文の誤りを訂正してください。
試合はあと 10 分で始まります。
The game is starting after ten minutes.

【after → in】 ☞ 「今から～後に」の意味は，after ではなく in で表します。「試合は私たちが到着して 10 分後に始まった」なら，The game started ten minutes after we arrived. と言います。

□ 英文の誤りを訂正してください。
私たちの市の人口は，福島市と同じくらいです。
The population of our city is as large as Fukushima.

【Fukushima → that of Fukushima】 ☞ 「私たちの市の人口」と「福島市の人口」の比較なので，… as <u>the</u>

66

underline{population} of Fukushima. と言うべき。同じ語
（population）のくり返しを避けるために，下線部を代名
詞の that で置き換えます。

□ **英文の誤りを訂正してください。**
アメリカで最も人気のあるバンドの1つが日本に来る。
One of the most popular band in the U.S. is coming to Japan.

【band → bands】☞ 「最も人気のあるバンドの1つ」
と言う以上，「最も人気のあるバンド」は1つではないはず。
したがって band は複数形にします。日本で「最も」と言
えば1つのようにも思えますが，英語の最上級は「最も〜
なもののグループ」の意味でも使えます。

□ **英文の誤りを訂正してください。**
「タピオカは好き？」「いいえ，好きじゃないわ」
"Do you like tapioca?" "No, I don't like."

【like を削除する】☞ like は「〜を好む」という意味の
他動詞なので，後ろに目的語が必要です。したがって No,
I don't underline{like it}. なら正しい言い方ですが，下線部を省略す
るのがベストです。

□ **英文の誤りを訂正してください。**
**私はエジプトへ行きたい。エジプトのピラミッドを見たい
からだ。**

I want to go to Egypt. Because I want to see pyramids there.

【I want to go to Egypt because I want to see pyramids there.】 ☞ もとの第2文は，文の形になっていないので不適切。ライティングで非常によく見られる誤りです。because（〜なので）は文と文を結びつける接続詞の働きをするので，1文にまとめるのがベターです。なお，because の前にコンマは必要ありません。

□英文の誤りを訂正してください。
ゆうべはいつもより早く寝た。
I slept earlier than usual last night.

【slept → went to bed】 ☞ 「寝た」とは「床についた」の意味だから，sleep（眠る）ではなく go to bed を使うのが適切。なお，「眠りにつく，寝入る」は get to sleep と言います。

17 ちょっと悩ましい英訳

□正しい英訳はどちら？

彼は新車を買うつもりだ。
① He will buy a new car. ② He is going to buy a new car.

【②】☞ ②は「彼は新車を買う方へ向かって進んでいる」ということ。①は「彼は新車を買うだろう」の意味に解釈するのが普通です。ただし will を強く読めば，「彼はどうしても新車を買うつもりだ」という強い意志を表します。

☐ 正しい英訳はどちら？
弟は私ほど食べません。
① My brother doesn't eat as much as I do.
② My brother doesn't eat more than I do.

【①】☞ 〈not ＋ as 〜 as …〉で「…ほど〜ではない」という意味を表します。②は「弟は私以上に食べるわけではない（が私と同じ程度には食べる）」という解釈の余地もあるので，正確な英訳とは言えません。

☐ 正しい英訳はどちら？
うちは4人家族です。
① Our family is four. ② We are a family of four.

【②】☞ ①だと「私の家族は4歳です」という不自然な響きになります。②は「私たちは4人の家族です」。There are four members in my family. （私の家族には4人のメンバーがいます），My family consists of four people. （私

の家族は 4 人から成っています) とも言います。

□ **正しい英訳はどちら？**
君はどこの大学に通っているの？
① Where college do you go to?
② Where do you go to college?

【②】 ☞ ②は大学の場所を尋ねる言い方。大学名を尋ねたいときは What [Which] college do you go to? と言います。where は形容詞ではないので、「どこの大学」の意味で where college と言うことはできません。

□ **正しい英訳はどちら？**
目を閉じていなさい。
① Keep closing your eyes. ② Keep your eyes closed.

【②】 ☞ ②は「目が閉じられている状態 (your eyes are closed) を保ちなさい」の意味で、こちらが正解。VOC の形です。keep (on) 〜 ing は「〜し続ける」の意味ですが、①だと「目を閉じる動作をくり返し (続け) なさい」という不自然な意味になります。

□ **正しい英訳はどちら？**
あなたは星占いを信じますか。
① Do you believe astrology?
② Do you believe in astrology?

【②】☞ believe in ～で「～の正しさ［価値，存在］を信じる」の意味。「あなたは神を信じますか」も，Do you believe in God? です。なお，「彼の言うことを信じる」は believe him で表します。

□ より自然な英訳はどちら？
私たちは5年前からここに住んでいます。
① We have lived here since five years ago.
② We have lived here for five years.

【②】☞ since ～ ago という形は，文法的には成り立ちますが実際には使いません。②のように for を使って，「5年間ずっとここに住んでいる」と表現するのが自然です。

18 英語ができるかどうかの分岐点

□ 正しい英文に直してください。
彼の夢はお笑い芸人だ。 His dream is a comedian.

【His dream is to be [become] a comedian.】 ☞ his

dream は物，a comedian は人間なので，his dream ＝ a comedian ではありません。したがって is で結びつけることはできず，不定詞を使って「彼の夢はお笑い芸人になることだ」と表現する必要があります。

☐ **より自然な英文に直してください。**
あれが父の車です。 That's the car of my father.

【That's my father's car.】☞ 「Aの B」は，A が人間なら A's B，そうでなければ B of A で表すのが基本。この文では A に当たる my father が人間なので，my father's car と表現します。

☐ **1語を加えて正しい英文にしてください。**
私の誕生日は5月です。 My birthday is May.

【My birthday is in May.】☞ 「私の誕生日は5月10日です」なら，<u>My birthday</u> is <u>May 10</u>. です。この場合，下線部はどちらも「日」なので，is がイコール (＝) の働きをします。しかし May は日ではなく月なので，「私の誕生日は5月の中にある」と表現します。

☐ **英訳を完成してください。**
その作家（author）の生家は，今では美術館になっています。
(   ) is an art museum now.

72

【The house where the author was born】 ☞ 「その作家の生家＝その作家が生まれた家」です。The author was born <u>in the house</u>. の下線部を where（関係副詞）に置き換えて考えます。The house the author was born in とも表現できます。The author's native house などとは言いません。

□**英訳を完成してください。**
あさってから夏休みだ。　The summer vacation starts (　　　).

【on the day after tomorrow】 ☞ 前置詞は from ではなく on。「あさって（に）始まる」と考えます。「あさって」は「明日の後の日」だから the day after tomorrow。「おととい」は「きのうの前の日」で，the day before yesterday です。また，「再来週」は the week after next，「先々週」は the week before last と言います。

□**正しい英文に直してください。**
彼女の誕生日がいつだか知ってる？
Do you know when is her birthday?

【Do you know when her birthday is?】 ☞ 疑問文をより大きな文の一部として使った形を，間接疑問と言い，間接疑問内の語順は〈S＋V〉です。「彼女の誕生日はいつですか」は When is your birthday?。これを know の目的語の位置に置くと，S（your birthday）＋V（is）の

73

語順になります。

☐ **1語を加えて正しい文にしてください。**
きのうの夜からずっと雨が降っている。
It's raining since last night.

【**It's been raining since last night.**】☞ It's [=It is] raining
は現在進行形ですが，since last night があるので完了形
にする必要があります。そこで現在完了進行形を使って，
It's [=It has] been raining とすれば正しい文になります。

☐ **1語を補って正しい英文にしてください。**
あの川の土手には，以前はたくさんの桜の木があった。
There used to a lot of cherry trees on the banks of that river.

【**to → to be**】☞ used to 〜は「以前は〜だった」の意味。
この文では，There were a lot of 〜の were に used to を
加えて，There used to be a lot of 〜と表現します。

74

2 章

1秒で英語にしたい
言葉だけを集めました

〈初級編〉

■家の中にあるモノです

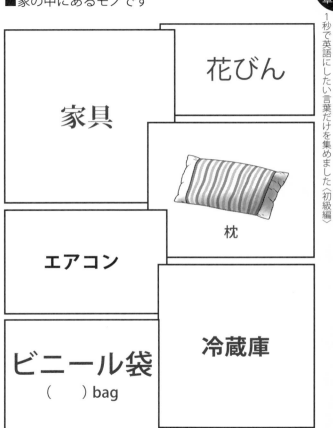

家具

花びん

枕

エアコン

ビニール袋
( ) bag

冷蔵庫

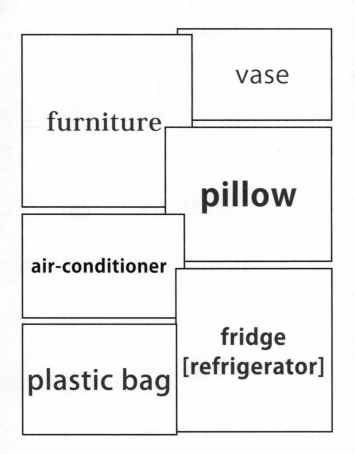

vase

furniture

pillow

air-conditioner

fridge
[refrigerator]

plastic bag

■「食卓」をめぐるあれこれ①

辛いカレー
(　　　) curry

ゆで卵

おにぎり

伝統的な和食
(　　　) Japanese food

濃いコーヒー
(　　　) coffee

外食する

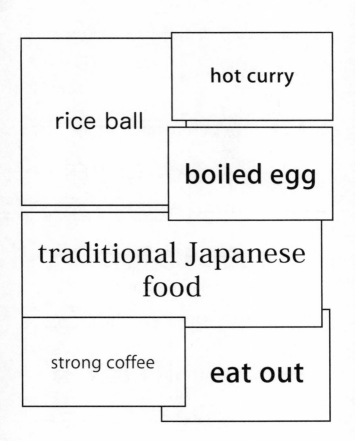

hot curry

rice ball

boiled egg

traditional Japanese food

strong coffee

eat out

■「食卓」をめぐるあれこれ②

卵焼き

ご飯を炊く
（　　）rice

酢

生魚
（　　）fish

さつまいも

オレンジの皮を剥く
（　　）an orange

fried egg

cook rice

vinegar

raw fish

sweet potato

peel an orange

■毎日の暮らしで使える言葉

小麦粉

映画館

ひまわり

犬にえさをやる
(　　　) a dog

混んだ電車
(　　　) train

パン屋

flour

movie theater

sunflower

feed a dog

crowded train

bakery

■のりものにまつわる英語

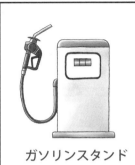

ガソリンスタンド

バス料金

bus (　　)

交通渋滞

パンクする

get a (　　)

各駅停車の
電車

(　　) train

電車に乗り
遅れる

(　　) a train

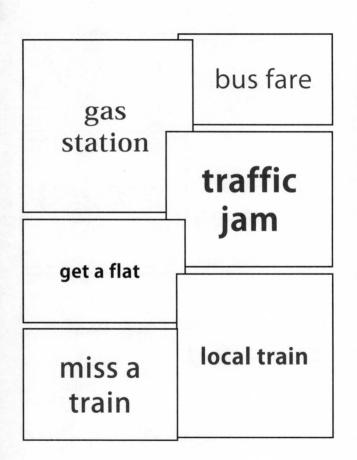

bus fare

gas
station

traffic
jam

get a flat

miss a
train

local train

■そもそも何をする？①

拍手する
( ) one's hands

はしごを登る
climb a ( )

眠り込む

徹夜する
stay ( ) all right

ダイエットする
go ( ) a diet

進歩する
make ( )

clap one's hands

climb a ladder

fall asleep

stay up all night

go on a diet

make progress

彼女と結婚する
(　　) her

アルバイト
をする
work (　　)

石油を
輸入する
(　　) oil

電話を切る
(　　) up

運動する
get (　　)

線を引く
(　　) a line

marry her

work part-time

import oil

hang up

get exercise

draw a line

消費者

内気な女の子
(　　) girl

歯医者

乗客

私の以前の
上司
my (　　) boss

いとこ

consumer

shy girl

dentist

passenger

my former boss

cousin

■この人を英語で何と言う？②

患者

家庭教師

総理大臣
the (　)(　)

警察官

政治家

外科医

政治家

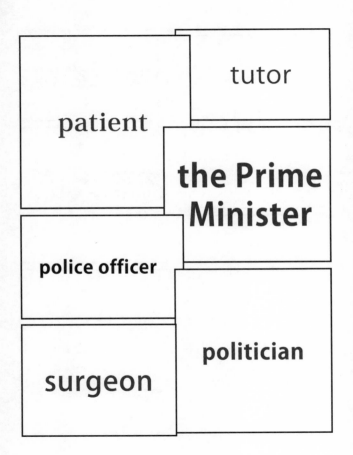

tutor

patient

the Prime Minister

police officer

surgeon

politician

■「ことば」にまつわる言葉

外国語

英作文
English (　　　)

本を出版する
(　　) a book

ABC

英会話
English (　　)

英語の発音
English (　　)

小説家

English composition

foreign language

publish a book

English conversation

English pronunciation

novelist

■これ、英語で言ってみたい①

新聞によれば
( ) to the newspaper

神社にお参りする
visit a ( )

心地よい
ベッド
( ) bed

おめでとう！

私の好きな歌
my ( ) song

おつりはいりません
Keep the ( ).

according to the newspaper

visit a shrine

comfortable bed

Congratulations! [Congrats!]

my favorite song

Keep the change.

■これ、英語で言ってみたい②

かっこいいデザイン
（　　）design

手ごろな値段
（　　）price

エネルギーを節約する
（　　）energy

彼女の誕生日を祝う
（　　）her birthday

医者に診てもらう
（　　）a doctor

賛成です。
I（　　）.

cool design

reasonable price

save energy

celebrate her birthday

see a doctor

I agree.

他人を批判
する

( ) other people

家庭内暴力

( ) violence

痛い！

そのバンドは
解散した。

The band broke ( ).

エレベーター
が故障した。

The elevator
broke ( ).

歯が痛い。

I have a ( )

criticize other people

domestic violence

Ouch!

The band broke up.

I have a toothache.

The elevator broke down.

■天気と気象にまつわる言葉

吹雪

気候変動

雷

天気予報

大雨
(　) rain

梅雨
the (　) (　)

snow storm

climate change

lightning

weather forecast

heavy rain

the rainy season

■街で見かけるあれこれ

交差点

デパート

木造の家
(　　) house

自動販売機
(　　) machine

小学校

コンビニ

intersection

department store

wooden house

vending machine

elementary school

convenience store

■言えそうで言えない英語①

面積

そよ風

大工さん

不注意なミス

カンニング

毛皮

area

breeze

carpenter

careless mistake

cheating

fur

■言えそうで言えない英語②

灰皿

コウモリ

ほうき

クラシック音楽
(　　) music

ひじ

電池を
充電する
(　　) a battery

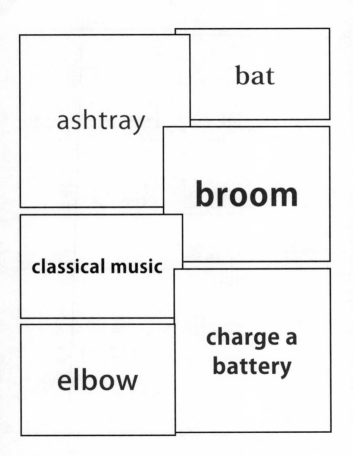

bat

ashtray

broom

classical music

charge a battery

elbow

ショウガ

選挙

竹

おとぎ話

週刊誌

中古車
(　　) car

ginger

election

bamboo

fairy tale

weekly magazine

used car

■この場所は何と言う？

水族館

野球場

遊園地

お化け屋敷
(　) house

スイス

世界遺産登録地
World (　) site

aquarium

ballpark

amusement park

haunted [fun] house

Switzerland

World Heritage site

■このイキモノは何と言う？

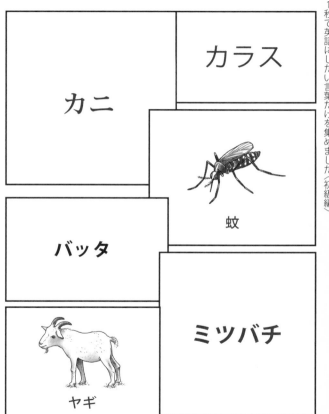

カニ

カラス

蚊

バッタ

ヤギ

ミツバチ

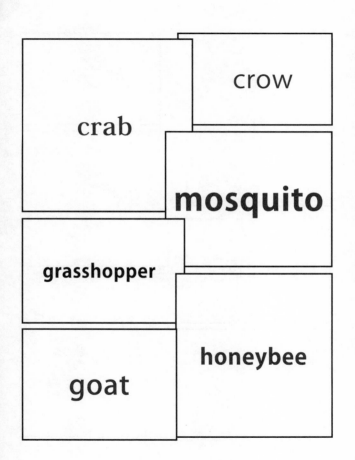

crow

crab

mosquito

grasshopper

goat

honeybee

■動物園・水族館のイキモノです

ラクダ

キリン

クジャク

シマウマ

イルカ

クジラ

117

camel

giraffe

peacock

zebra

dolphin

whale

■動植物に関する英単語

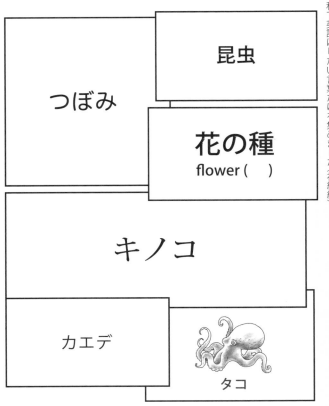

つぼみ

昆虫

花の種
flower (　)

キノコ

カエデ

タコ

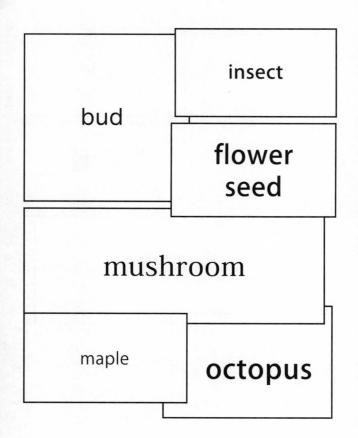

insect

bud

flower
seed

mushroom

maple

octopus

■学問にかかわる言葉

准教授

哲学

アメリカ
文学
American (　　)

入学試験

生物学

大学に出願する
(　　) to a college

assistant professor

philosophy

American literature

entrance examination

biology

apply to a college

■空に何が見える？

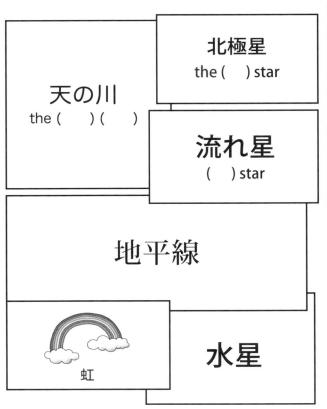

北極星
the (　) star

天の川
the (　)(　)

流れ星
(　) star

地平線

虹

水星

the polar star

the Milky Way

shooting star

horizon

rainbow

Mercury

■人生を変える出来事⁉

就職面接

結婚式

留学する

優勝する
win the (　)

100億円
(　)(　) yen

卒業式

job interview

wedding ceremony

study abroad

win the championship

ten billion yen

graduation ceremony

■ヒトにまつわる英単語

身長

胃

汗

親指

超能力

舌

height

stomach

sweat

thumb

supernatural power

tongue

■英語で言いたい理系のキーワード①

淡水
(　　) water

銅

砂漠

惑星

タンパク質

土星

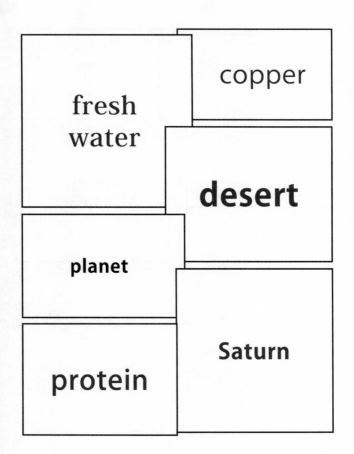

copper

fresh
water

desert

planet

Saturn

protein

■英語で言いたい理系のキーワード②

霜

寄生虫

火星

木星

金星

野生生物

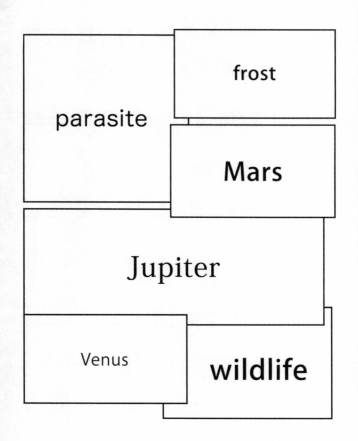

frost

parasite

Mars

Jupiter

Venus

wildlife

在庫切れ

退屈だ
I'm (　)

第一印象
first (　)

常識

東京湾
Tokyo (　)

動画サイト
(　) site

out of stock

I'm bored.

first impression

common sense

Tokyo Bay

video site

送別会
（　　）party

後部座席
（　　）seat

映画を
封切る
（　　）a movie

子犬

話し中です
The line is （　　）.

残業する
work （　　）

farewell party

rear seat

release a movie

puppy

The line is busy.

work overtime

■言えたらスッキリ！な英語③

ミシン

あさって

れんが

奨学金

修学旅行

大陸

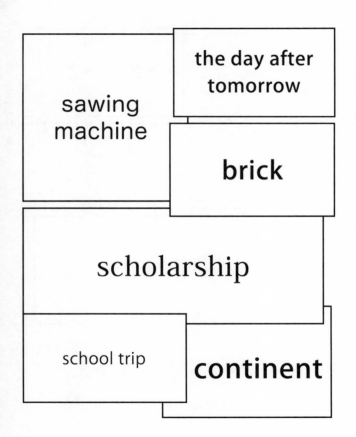

the day after tomorrow

sawing machine

brick

scholarship

school trip

continent

観光

交響曲

宝

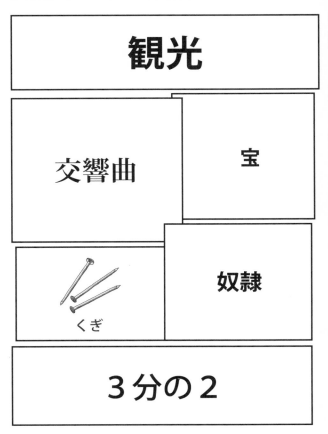

くぎ

奴隷

3分の2

sightseeing

symphony

treasure

nail

slave

two thirds

■ "水がらみ" の英単語

池

洪水

人魚

熱帯魚

船旅

マグロ

pond

flood

mermaid

tropical fish

voyage

tuna

business trip

attached file

labor cost

want ad

paid holiday

conference room

出張

添付
ファイル

人件費

求人広告

有給休暇

会議室

■たまにはゆっくりどこかに行きたい

bathing beach

desert island

hot spa

shellfish gathering

travel agency

waterfall

海水浴場

無人島

温泉

潮干狩り

旅行代理店

滝

■ どういうご関係？

split the bill

arranged marriage

human relationship

yours sincerely

parallel lines

inferiority complex

割り勘にする

お見合い
結婚

人間関係

敬具

平行線

劣等感

reserved seat

application form

grilled meat

power cut

satellite broadcast

means of transportation

指定席

申込用紙

焼肉

停電

衛星放送

交通機関

■知っているような、知らないような②

gain weight

bulletin board

hourly wage

twenty degrees Celsius

nosebleed

medical checkup

掲示板

太る

時給

摂氏20度

鼻血

健康診断

cartoonist

the Atlantic Ocean

lighthouse

time bomb

narrow escape

necessary evil

漫画家

大西洋

灯台

時限爆弾

危機一髪

必要悪

3 章

これがわかると、英語に
グンと自信がつきます

〈中級編〉

語彙を増やそう
——大人の英語力のカギ①

☐ 誕生日は birthday，休日は holiday。では，給料日は？

【payday】 ☞ pay は「給料」を表す最も一般的な語。
salary は月給などの固定給，wage は時給などを意味しま
す。「昇給」は (pay) raise，「手取りの給料」は take-
home (pay) と言います。

……………………………………………………………………………………

☐ 誘ってくれた相手に使う言葉で，**Give me a rain check.**
とはどんな意味？

【また今度ね。】 ☞ rain check は「雨天順延券」のこと。
スポーツの試合などが雨で順延になったときにもらいます。
ここから意味が転じて，都合が悪くて誘いを断る場合に，
「雨天順延券をください→また今度誘ってください」とい
う意味で使われます。How about a rain check? などとも
言います。

……………………………………………………………………………………

☐ **I'll check out this book.** という文が使われる場所は？

【図書館】 ☞ check out の1つの意味は「料金を清算する，

（ホテルで）チェックアウトする」です。一方，図書館で本の借り出し手続きをすることも check out と言います。check in は「本の返却手続きをする」です。

□ **経費の見積もりを頼むとき，Give me a <u>ballpark</u> estimate. と言えば，下線部はどんな意味？**
①正確な ②おおよその ③最も安い

【②】☞ ballpark は野球場のこと。「ボールが球場内にある→大まかな範囲に入っている」というイメージから，「およその，概算の」という形容詞としても使われます。

□ **次の問いに，1語の英語で答えてください。**
What is the smallest number that can be divided by two, three, and five?

【thirty】☞「2，3，5で割（られ）ることのできる最も小さい数字［＝2，3，5の最小公倍数］は何ですか」の意味。小学校の算数の問題です。2×3×5で答えは 30 です。

□ **新聞の見出しに，Premier Visit US とありました。次のどちらの意味でしょう？**
①総理が米国を訪問した。 ②総理が米国を訪問する予定だ。

【①】☞ 新聞の見出しでは，字数を節約するために，「過去のことは現在形で表す」「未来のことは不定詞で表す」

157

というルールがあります。したがって，②の意味なら Premier to Visit US と表現します。ちなみに Premier は Prime Minister を短くした言葉です。

....

□次のなぞなぞに答えてください。

What comes twice in October, once in November, and never in December?

【the letter O（O の文字）】 ☞ 「10 月には2回来て，11 月には1回来て，12 月には1回も来ないものは何?」が直訳。October・November・December の3語に含まれる o の文字数から考えます。

....

□fraud・shoplifting・face-lift・kidnapping のうち，犯罪でないのは？

【face-lift】 ☞ fraud は「詐欺」，shoplifting は「万引き」，face-lift は「（建物の）化粧直し」，kidnapping は「誘拐」です。

....

□I paid a <u>fine</u> for speeding. の下線部の意味は？

【罰金】 ☞ fine には「よい」（形容詞）のほか「罰金」の意味があります。この文は「私はスピード違反で罰金を払った」の意味。I was fined for speeding.（スピード違反で罰金を科された）のように動詞としても使えます。

□「あごひげ」の意味を表すのは，beard・mustache・whisker のどれ？

【beard】 ☞ beard は「あごひげ」，mustache は「（鼻の下の）口ひげ」，whisker は「ほおひげ」です。また，ヤギのひげは beard，猫などのひげは whisker，コイやナマズのひげは barbel と言います。

2 語彙を増やそう
──大人の英語力のカギ②

□英訳を完成してください。
　私は9時半発の電車に乗る予定です。 I'm going to (　　　).

【take the 9:30 [nine thirty] train】 ☞ 「乗る」は take（利用する）。「9時半発の電車」を直訳すると the train that is going to leave at 9:30 ですが，the 9:30 train とシンプルに表現できます。なお，「大阪行きの電車」は a train (bound) for Osaka と言います。

□salaryman・salesman・guardman のうち，正しい英

語を１つ選んでください。

【salesman】 ☞ salaryman は和製英語。そもそも英語圏では「私はサラリーマンです」のような言い方はせず，「私は〜の仕事をしています」のように言うのが普通です。「ガードマン（守衛）」は英語では単に guard と言います。salesman（販売員）は，日本語とは違って「セイルズマン」と読みます。

□「６歳未満の子ども」は children under six と言います。では「６歳以下の子ども」は？

【children six and [or] under】 ☞ 「６歳の子どもおよび［または］それより下の子ども」と表現します。同様にpeople (aged) over [more than] 65 は（「65歳以上」の意味で使うこともありますが）厳密には「65歳より上の人々」であり，「65歳以上」の意味を明確にしたいならpeople (aged) 65 and [or] over とするのがベターです。

□フロントガラス，ハンドル，バックミラーは和製英語です。英語ではそれぞれ何と言うでしょう？

【windshield, (steering) wheel, rearview mirror】 ☞ wheel は「車輪」の意味でも使います。また，アメリカ英語では「ボンネット」は hood（イギリス英語ではbonnet），「ウインカー」は blinker（イギリス英語では

winker）と言います。

□日本語の「ドンマイ」（気にするな）を英語に直すと？

【Never mind.】☞ Don't mind. からきた言葉のようにも思えますが，英語では Don't mind. とは言いません。Never mind. は「心配しないで（Don't worry.）」などの意味で使います。

□人体の一部で，umbilical cord とは何？

【へその緒】☞ へそは navel（くだけた言葉では belly button）と言います。果物のネーブルオレンジ（navel orange）は，へたのところがへそに似ていることに由来します。

□「数万人の人々」の英訳は？

【tens of thousands of people】「数百人」は hundreds of people，「数千人」は thousands of people。「1万」は ten thousand ですが，「数万の〜」は tens of thousands of 〜 と言います。

□sour grapes（すっぱいブドウ）という言葉には，比喩的な意味があります。どんな意味でしょう？
①裏切り ②負け惜しみ ③大失敗

【②】☞ イソップ童話で，ブドウを取ろうとして手が届か
なかったキツネが「あれはすっぱいブドウだからいらない」
と言ったという話に基づく表現です。また Adam's apple は
「のどぼとけ」の意味ですが，これはエデンの園で天使に
見つかったアダムが禁断のリンゴをあわてて飲み込もうとし
てのどにつかえたという伝説に由来します。

··

□人間の手足に，finger は全部で何本あるでしょう？

【8 本】☞ 手の親指は thumb，足の指は toe と言います。
したがって finger は，両手の人差し指（first finger）から
小指（fourth finger）までの合計8本です。

3	**語彙を増やそう** ──大人の英語力のカギ③

□正しい（またはより一般的な）表現はどちらでしょう。
　①スポーツをする（do / play）sports
　②柔道をする（do / play）judo
　③市内を観光する（do / see）the sights of the city

【① play, ② do, ③ see】☞ ①「スポーツをする」は play sports が普通の言い方。②格闘技には play は使いません。「柔道をする」は do [practice] judo です。③ see the sights of ～（～を観光する）が普通の言い方。

□driving・pouring・torrential・acid から連想される語は？

【rain】☞ driving rain は横なぐりの雨，pouring rain は土砂降りの雨，torrential rain は豪雨，acid rain は酸性雨。そのほか，こぬか雨は fine rain，霧雨は misty rain，大雨は heavy rain です。

□日本語と英語が対応しているものを，１つ選んでください。
① （冷房用の）クーラー cooler
② （調理用の）ミキサー mixer
③ （衣類の）マフラー muffler
④ （衣類の）スーツ suit

【④】☞ cooler は冷却保存用のクーラー（ボックス）や保冷バッグのこと。冷房用のクーラーは air-conditioner です。mixer は「混合器」で，調理用の泡立て器など。野菜・果物などに使うミキサーは blender と言います。muffler は「消音器」の意味で使うのが一般的。衣類のマフラーは scarf と言います。

□**That's so _mean_ of you.** の下線部はどんな意味？
　①頭がいい　②親切だ　③意地悪だ

【③】 ☞ 形容詞の mean は「意地が悪い」「下品な」など
の意味で使われます。He's a mean drunk. と言えば「彼は
酒癖が悪い」ということ。mean（意味する）の名詞形は
meaning（意味）。means（手段，財産）と混同しやすい
ので注意しましょう。

□**思いがけないところで出会った人に対して使う言葉は
どれ？**
　① Same here!　② Small world!　③ Just my luck!

【②】 ☞ small world は「世の中は狭いですね」というこ
と。What a coincidence!（何と言う偶然の一致でしょう
[奇遇ですね]）もよく使われる表現です。Same here! は
「こちらも同じものをくれ」と注文するときの言葉，Just
my luck! は「ついてないなあ」という意味です。

□**I'm dying for something to eat.** という文の意味は？
　①空腹だ。②食べ過ぎた。③おなかが痛い。

【①】 ☞ be dying for ～は「～がほしくて死にそうだ [た
まらない]」の意味。be anxious [eager] for ～も似た意
味です。dying の後ろに不定詞を置いて，I'm dying to

see her.（彼女に会いたくてたまらない）などとも言います。

4 # 語彙を増やそう
──大人の英語力のカギ④

☐ **I'm melting. とは，ある状態を強調した言い方です。どんな状態でしょう？**

【暑い状態】☞ melt は「溶ける」。I'm melting. は「私は暑さで溶けかけている→暑くて死にそうだ」という意味です。このような強調表現はよく見られます。たとえば I'm starving. は「餓死しそうだ→はらぺこだ」，I'm freezing. は「凍えそうだ→死ぬほど寒い」の意味です。

☐ **正しい英訳を1つ選んでください。**
　①ビアガーデン beer garden
　②アフターサービス after service
　③テーブルチャージ table charge

【①】☞ ビアガーデンは英語でも beer garden ですが，アフターサービスは after-sale service（販売後のサービス），テーブルチャージは cover charge と言います。その

ほか，ビジネスホテル（no-frills hotel），キャッチボールをする（play catch）なども，カタカナ言葉をそのまま英語に直すと通じません。

□**正しい英訳を1つ選んでください。**
①車がスリップした。 **My car slipped.**
②パソコンがフリーズした。 **My computer froze.**
③家をリフォームした。 **I reformed my house.**

【②】☞ slip は「すべる」の意味ですが，「車がスリップした」は My car skidded. と言います。reform は「改革する」の意味で，「家をリフォーム［改築］した」は I remodeled [refurbished] my house.です。「（画面などが）フリーズする，動かなくなる」は英語でも freeze（凍る）を使います。活用は freeze-froze-frozen です。

□**( ) 内から正しいものを選んでください。**
彼は自慢話をするのが好きだ。
He likes telling (fish / lion / whale) stories.

【fish】☞ fish story は「（漁師がするような）大げさな話，自慢話」という意味。漁師や釣り人が「大きな魚を釣り逃がした」という話をしたがるのは，いずこも同じのようです。fishy story と言えば「うさん臭い話」という意味になります。

□**次のジョークが成り立つように，空所に適語を入れて**

ください。
The longest words in English is 'smiles', because it's a (　) between the two s's.

【mile】☞ 「英語で一番長い単語は smiles（「ほほえみ」の複数形）だ，なぜなら２つの s の間が１マイル（mile）あるから」。「つづりが長い」を距離の長さに置きかえた，有名なジョークです。

───────

□空所に適語を入れてください。
The molecule of (　) is composed of two hydrogen atoms and one oxygen atom.

【water】☞ 「（　）の分子は２つの水素原子と１つの酸素原子から成る」という意味。空所に入るのは「水」で，化学記号では H_2O です。

───────

□「資金を調達する＝(　) funds」の空所に入る，r で始まる語は？

【raise】raise には「〜を上げる（lift）」「〜を育てる（rear）」などの意味もありますが，「（資金を）集める」という意味でも使います。資金調達の担当者［組織］は，fund-raiser と言います。

───────

□多義語の問題です。空所に与えられた文字で始まる共

通の1語を入れてください。
① I was (s   ) asleep, so I didn't notice the (s   ).
② I hurt my (n   ) while driving a (n   ) with a hammer.

【① sound, ② nail】 ☞ ①「ぐっすり眠っていたので，その音に気づかなかった」。そのほか sound には「健全な」（形容詞），「〜に聞こえる」（動詞）などの意味もあります。②は「ハンマーで釘を打っているときに爪にけがをした」。

5 身近なモノの正しい言い方

☐ **正しい英訳を1つ選んでください。**
①白い髪 white hair ②紅茶 red tea ③黒い目 black eye

【①】 ☞ 「白髪」は white hair ですが，「紅茶」は black tea，「黒い目」は dark eye です。black eye は，殴られたりして周りに黒いあざができた目のこと。日本語の色を英語に直訳できないケースはよくあり，その代表例が green light（青信号）です。

☐ **正しい英訳を1つ選んでください。**

①ポスト post ②シュークリーム shoe cream
③シロアリ white ant

【③】☞ シロアリは termite ですが，white ant とも言います。post は「郵便（物）」または「ポストに入れる」の意味で，主にイギリスで使います（アメリカ英語では mail）。「ポスト」に当たる英語は mailbox。シュークリームは英語では cream puff と言います。shoe cream は「靴磨き用クリーム」です。

☐ **正しい英訳を１つ選んでください。**
①ホットドッグ hot dog
②ラストオーダー last order
③デコレーションケーキ decoration cake

【①】☞ ラストオーダーは last call，デコレーションケーキは decorated cake（装飾されたケーキ）または fancy cake と言います。hotdog の語源には，犬の肉を使っているといううわさ，犬のダックスフントに形が似ていたから，などの説があります。

☐ **正しい英訳を１つ選んでください。**
①ジェットコースター jet coaster
②オーダーメイド order-made
③メインディッシュ main dish
④ブラインドタッチ blind touch

【③】☞ ジェットコースターに当たる英語は roller coaster，オーダーメイドは made-to-order または custom-made（反意語は ready-made「既製の」），ブラインドタッチは touch-typing と言います。

6 英語の常識力はここで試される

□インターネット上で営業活動を行う企業を，dot-com (company) と言います。これは URL の末尾の「.com」に由来する表現ですが，この com は何の略でしょう？

【commercial】☞ com は commercial（商業の，コマーシャル）の略です。commercial の名詞形は commerce（商業）。工業は industry，漁業は fishery，林業は forestry，製造業は manufacturing です。

□インターネットの動画サイトで「anime sub English」と検索すると，何が見られるでしょう？

【日本アニメの英語字幕版】☞ sub は subtitles（字幕）

の略です。sub の代わりに dub と入れれば，英語吹き替え版が見られます。dub は「ダビングする，吹き替える」という意味の動詞です。

───────────────────────────────

□ **広報活動を PR と言いますが，何の略でしょう？**

【public relations】 ☞ public は「公の」，relations は「関係」。広報担当者は public relations agent，あるいは spokesperson と言います。「宣伝」は advertising です。

───────────────────────────────

□ **手紙の入った封筒に Confidential と書かれていたら，その意味は？**

【親展】 ☞ confidential は「秘密の，部外秘の」の意味。confidential letter は親展の手紙，confidential document は機密文書です。

───────────────────────────────

□ **同じメールを宛て名以外の人にも送るときに使う CC は，何の略？**

【carbon copy】 ☞ もともと黒いカーボン紙（carbon paper）を使って複写したものを言います。BCC（名前を伏せて同じメールを送ること）は blind carbon copy の頭文字です。

───────────────────────────────

□ **英語には，-（ハイフン：hyphen），;（セミコロン：**

semi colon）などさまざまな記号があります。では，
＊の記号は何と言うでしょう？

【アスタリスク（asterisk）】☞ asterisk は「星形」のこと
で，ギリシャ語で「小さな星（star）」を意味しました。/ は
slash。（ ）は編集用語で「パーレン」と言います。英語の
parenthesis パレンセシス（丸かっこ）から来た言葉です。

□emotion は「感情」。では，emoticon の意味は？

【顔文字】☞ emoticon は，emotion と icon（アイコン，
象徴）から作られた造語です。時代や文化を象徴するよ
うな有名人など（たとえばジャニーズ系のアイドル）も icon
と言います。

□Harvard, Yale など米国北東部の名門 8 大学の通称を
the Ivy League と言います。ivy とはもともとどんな
意味でしょう？

【ツタ】☞ ツタ（ivy）のからまる古い建物のイメージから
きた言葉です。彼らの服装から生まれたアイビー・ルック
（Ivy Look）は世界中で流行しました。また，大学のよう
な俗世間から離れた場所を揶揄して，the tower of ivory
（象牙の塔）と言います。

□「障がい者」の適切な英訳は，disabled people と

handicapped people のどちら？

【disabled people】☞ かつては handicapped people と言いましたが，今日では disabled が普通です。同意語の impaired も知っておきましょう。「目の不自由な」は，blind より visually impaired の方が間接的な言い方です。

7 つづりと発音の問題です

□「肝臓」の正しいつづり字は，liver・lever のどちら？

【liver】☞ 日本語では「レバー」と言いますが，「肝臓」のつづりは liver。lever は「てこ」です。日本語でも「てこ入れする」のように言いますが，lever から派生した leverage には「借入金を使って投機させる，利用する」の意味があります。

□アメリカ英語とイギリス英語では，単語のつづりが異なる場合があります。アメリカ英語の color（色），theater（劇場）に当たるイギリス英語は？

【colour, theatre】 ☞ そのほか, アメリカ英語の center
(中央), favorite (お気に入りの), program (プログラム),
criticize (批判する), traveler (旅人), driver's license
(運転免許) は, イギリス英語ではそれぞれ centre,
favourite, programme, criticise, traveller, driving
licence とつづります。

□ **英語に直したとき, 下線部のつづり字が違うものを1
つ選んでください。**
① バーコードと電気のコード ② ロックバンドとヘアバンド
③ ゴムとチューインガム

【①】 ☞ ロックバンド (rock band) とヘアバンド (hair
band), ゴム (gum) とチューインガム (chewing gum)
はそれぞれ同じつづり字ですが, バーコード (bar code)
と電気のコード (cord) は違う単語。code は「記号, 決ま
り」の意味です。

□ **アメリカ人の友人から, "ワカイナ music do you like?"
と尋ねられました。カタカナをつづり字に直してく
ださい。**

【What kind of】 ☞ 「どんな種類の音楽が好き?」と尋
ねられたのです。what の t の音が消え, kind の d の音も
消えて「ワット・カインド・アヴ→ワッ・カインヌ・アヴ→
ワカイ (ン) ナ (ヴ)」となったものです。単語の最後の子

174

音が消えて後ろの語の母音と結びつくと，たとえば you and I が「ユーアンナイ」のように聞こえます。

☐ **オーストラリア人の知人が「アイ・カイム・ヒア・トゥダイ」と言いました。文字に直してください。**

【I came here today.】☞ オーストラリア英語ではしばしば，「エイ」の音が「アイ」に変わります。したがって came は「カイム」，today は「トゥダイ」と聞こえることがあります。これを聞いた日本人が today を to die（死ぬために）と誤解した，というエピソードがあります。

☐ **ther-mom-e-ter（温度計）で最も強く読むのは，何番目の音節でしょう？**

【2番目】☞ -meter で終わる語は，その直前を強く読みます。強勢を置けるのは母音だけなので，つづり字（thermometer）にも母音字の o が入っています。diámeter（直径），barómeter（気圧計），pedómeter（万歩計）なども同様です。

☐ **カタカナの部分を英語に直してください。**
"I hear the train is delayed." "I'm afraid ゼァ ガナ be late."

【they are going to】☞ 「電車が遅れているそうだ」「彼らは遅刻しそうだ」の意味。going to は，くだけた発音

175

では「ガナ」と聞こえます。また want to は「ワナ」と聞こえます。

· ·

☐**examination（試験）· gasoline（ガソリン）· condominium
（分譲マンション）· dormitory（寮）の共通点は？**

【**後半のつづりを省いた短縮形を持つ**】☞ それぞれ,
exam · gas · condo · dorm とも言います。lab＜laboratory
（実験室），chimp＜chimpanzee（チンパンジー），hippo
＜hippopotamus（カバ），vet＜veterinarian（獣医）など
も同様です。

┌─────┬──────────────────────────────┐
│ **8** │ **こんな "ひと言フレーズ" を**   │
│   │ **知っていますか**   │
└─────┴──────────────────────────────┘

☐**（ ）内から正しい方を選んでください。**
今晩必ず私に電話してね。
(Don't / Never) forget to call me this evening.

【**Don't**】☞ never は ever（どんな時を選んでも）の反
意語で，「どんな時を選んでも～ない」という意味。した
がって，1回限りの行為には never は使いません。I'll

never forget your kindness.（あなたのご親切は決して忘れません）の場合は，「今後ずっと［どの時点でも］忘れない」の意味だから OK です。

....

□**正しい英文はどちら？**
来週の火曜日は都合がいいですか？
① **Are you convenient next Tuesday?**
② **Is next Tuesday convenient for you?**

【②】☞ convenient（都合がよい）は，人間を主語にしては使いません。②のように日時を主語にするか，（漠然とその場の状況を表す）it を主語にして，Is it convenient for you next Tuesday? と表現します。

....

□**( ) 内から正しい方を選んでください。**
そのネクタイは君によく似合うね。
That tie (fits / suits) you very well.

【suits】☞ suit は「物が人に似合う」場合に使います。fit は「サイズが適合する」の意味で，「この靴は私（の足のサイズ）に合わない」は These shoes don't fit my feet. と言います。また match は「物と物とが釣り合う」という意味で，That tie matches [goes with] your shirt.（そのネクタイは君のシャツに合っている）のように使います。

....

□**( ) 内から正しい方を選んでください。**

私はどこでも眠れます。
I can sleep (anywhere / wherever).

【anywhere】 ☞ anywhere は「どこでも」の意味の副詞として使えます。一方，wherever は「～するところならどこでも」の意味の接続詞なので，単独では使えません。Please sit wherever you like.(どこでも好きなところに座ってください) などは可能です。

□空所に適語を入れてください。
水を流しっぱなしにしないで。 Don't (　) the water (　).

【leave, running】 ☞ 〈leave ＋ O ＋ C〉の形で「O が C である状態のままで放置する，O を C の状態のままにしておく」という意味を表します。この文は，The water was running.(水が流れていた) という状態を放置した，ということです。

□空所に入れることのできないものを1つ選んでください。
海に面した部屋を予約したいのですが。
I'd like to reserve a room (facing / to face / that faces) the sea.

【to face】 ☞ facing the sea と that faces the sea は，前の room を修飾して「海に面した部屋」の意味になります。しかし形容詞的用法の不定詞は基本的に「～するため

の」という意味であり,「海に面するための部屋」では意味が通じません。このような誤った不定詞の使い方がよく見られるので,注意してください。

□**よりていねいな言い方はどちら？**
① Will you help me? ② Can you help me?

【②】☞ ①は「手伝ってよ」というニュアンス。親しい人に,当然手伝ってくれるものと期待して使うのが普通です。②は「手伝ってくれる？」。職場などでも普通に使えます。could を使えばよりていねいになりますが,道を尋ねる場合に Can you tell me the way ～? などと言ってもかまいません。

□**( )内から正しい方を選んでください。**
いつでもお好きなときに私たちに会いに来てください。
Come and see me (any time / at any time) you want to.

【any time】☞ at any time（副詞句）は「いつでも,いつなんどき」の意味ですが,接続詞の any time（アメリカ英語では anytime）の前には前置詞はつけません。every time などと同様です。

□**( )内から適切な方を選んでください。**
ここから数分で公園に着きます。
You'll (get to / reach) the park in a few minutes from here.

【get to】 ☞ reach は「時間をかけて（努力して）たどり着く」というニュアンスの語。「数分で着く」なら，get to や arrive at を使うのが適切です。

□( )内から正しい方を選んでください。
そのレストランは午後 10 時に閉店します。
The restaurant (closes / is closed) at 10 p.m.

【closes】 ☞ close は「閉まる」。is closed は「閉まっている」という状態を表します。The restaurant is closed at 10 p.m. は「そのレストランは午後 10 時には閉まっている」という意味であり，必ずしも閉店時刻が 10 時だとは限りません。

□空所に適語を入れてください。
今日はすることがない。ゲーセンでも行こうかな。
I have nothing to do today. I might ( ) ( ) go to the game arcade.

【as well】 ☞ might [may] as well ～は「～してもよい」。もともとの意味は「～することは，そうしないことと同じくらいよい」ということ。「どちらでもいいけれど，～してもいいかな」と言いたいときに使います。

9 知ってるだけで差がつく ちょっとした言い方

☐ **空所に適語を入れてください。**

「ふだんは誰と昼食を取るの？」「時と場合によるわ」

"Who do you usually have lunch with?" "It (　)."

【depends】 ☞ depend は「依存する，左右される」の意味で，It depends on the weather.（天気しだいです）のように使います。「時と場合による，ケースバイケースだ」は，単に It depends. と言います（case by case という英語はありません）。

. . . .

☐ **(　) 内から正しい方を選んでください。**

その価格は税込みです。

The price (includes / is including) tax.

【includes】 ☞ 一般に，状態を表す動詞は進行形にできません。「〜しつつある」という訳語が不自然なときは進行形が使えない，と考えるとよいでしょう。include（〜を含む）は have（〜を持っている）などと同様に状態を表す動詞であり，「税を含みつつある」は不自然だから現在進行形は使えません。代わりに現在形を使います。

181

□（ ）内から正しいものを選んでください。
新宿で乗り換えます。
I'll change (train / trains / the train) at Shinjuku.

【trains】☞ 「乗り換える」には2つの電車が必要だから，change trains と言います。このような複数形を相互複数と言い，shake hands（握手する），change jobs（転職する），take turns driving（交代で運転する）なども同様です。

□空所に適語を入れてください。
準備はいいか？せーの！ Are you ready? (　) we go!

【Here】☞ 大勢で物を持ち上げるときなどの掛け声です。Here we go! は「さあ，始めるぞ」「行くぞ」と言う場合の決まり文句。なお，Here we are. は「さあ，着いたぞ」の意味で，目的地に到着したときに使います。

□空所に適語を入れてください。
彼女は大阪へ転勤した。 She was (　) to Osaka.

【transferred】☞ transfer の語源は trans（向こうへ）＋ fer（運ぶ）で，「（人を）転勤させる」「（手紙などを）転送する」「（お金を）振り込む」「（乗り物を）乗り換え（る）」などの意味で使います。transfer account は「振替口座」，transfer ticket は「乗り換え切符」です。なお，

「彼女は昇進した」は She was [got] promoted. と言います。

10 自分のことを話してみよう①

□( )内から正しい方を選んでください。
私はボウリングをするのが好きです。
I like (bowling / playing bowling).

【bowling】 ☞ play は「(スポーツ・試合を) する」の意味ですが，楽しんで行う団体競技に使うことが多く，柔道・レスリング・スキー・水泳・登山・ボウリングなどには使いません。これらは，do [practice] judo, go bowling などで表します。

□( )内から正しい方を選んでください。
私は大坂なおみ選手のサインを持っている。
I have Naomi Osaka's (signature / autograph).

【autograph】 ☞ signature は契約書などにする「署名」のこと (動詞は sign)。有名人のサインは autograph と言います。語源は auto (自分で) ＋ graph (書く) です。

□( ) 内から正しい方を選んでください。
このアプリを使うのは今回が初めてです。
This is the first time (I'm using / I've used) this application.

【I've used】 ☞ 「これは私がこのアプリを使ったことのある最初の回です」と考えて，経験を表す現在完了形を使います。… I've ever used … のように ever (今までに) を加えてもかまいません。

□( ) 内から正しい方を選んでください。
毎晩寝る前に日記をつけています。
I (write / keep) my diary before going to bed every night.

【write】 ☞ keep a diary は「(習慣的に) 日記をつけている」。この文では「日記を書く」という意味なので，write を使います。

□( ) 内から正しい方を選んでください。
私は日曜日に生まれました。
I was born on (Sunday / a Sunday).

【a Sunday】 ☞ 「ある日曜日」の意味だから a が必要です。on Sunday は文脈やその場の状況によって特定された1日の日曜日のこと。同様に on Chirtmas Day は特定の1

日を意識した表現であり,「私はクリスマスに生まれた」は
I was born on a Christmas Day. と言います。

- -

☐**アメリカ英語で普通の表現はどちら？**
私は毎朝シャワーを浴びる。
I (have / take) a shower every morning.

【take】☞ アメリカ英語では take a shower, イギリス英
語では have a shower と言います。take [have] a bath（入
浴する），take [have] a break [rest]（休憩［休息］する）
なども同様です。

11 自分のことを話してみよう②

☐**より普通の英文はどちら？**
私の部屋はこの部屋ほど広くありません。
① My room isn't as large as this room.
② My room isn't so large as this room.

【①】☞ 〈not as [so] ～ as …〉は「…ほど～ない」とい
う意味ですが，so は堅苦しく響くのであまり使われません。

なお，so はもともと「そんなに」の意味なので，②は This room is large.（この部屋は広い）という前提で使うのが普通です。一方①は，my room と this room の両方が（一般的な基準から見れば）狭い部屋であっても使えます。

☐ 正しい英訳はどちら？
私は前に一度その小説を読んだことがある。
① I have once read the novel before.
② I have read the novel once before.

【②】☞ ①の位置に once を置くと，「かつて」の意味になります。たとえば「彼はかつてその会社に勤めていた」は，He once worked for the company. です。②の once は「一度」。このように，置く位置によって意味が変わる副詞には注意が必要です。

☐ より自然な英訳はどちら？
私の家は，あの赤い屋根の家です。
① My house is the one whose roof is red.
② My house is the one with the red roof.

【②】☞ ①の whose は関係代名詞で，文法的には間違っていません。しかし，②のように with を使って「赤い屋根を持つ家」と表現する方が自然です。同様に，たとえば「頂上が雪でおおわれた山」は，a mountain whose top is covered with snow とも表現できますが，a mountain with a snow-covered top の方がベターです。

□**空所に適語を入れてください。**

このアパートは月6万円で借りています。

I ( ) this apartment for 60,000 yen a month.

【rent】☞ 無料で借りる場合は borrow, 有料で借りる場合は rent を使います。rent には「賃貸料」の意味もあるので，The monthly rent of this apartment is 60,000 yen.（このアパートの月々の家賃は6万円です）とも表現できます。

---

12 家族についてのワンフレーズ

□**( )内から正しい方を選んでください。**

私には兄弟も姉妹もいません。

I don't have brothers (and / or) sisters.

【or】☞ 「AもBも〜ない」の意味は，〈not ＋ (either) A or B〉で表します。I have neither brothers nor sisters. とも表現できます。and を使うと「私は兄弟と姉妹の両方を

持っているわけではない（がどちらか一方なら持っている）」
と誤解されかねません。

....

☐ **適切な英訳はどちら？**
兄は私より2歳年上です。
① My brother is two years older than me.
② My brother is two years senior to me.

【①】☞ ①が普通の言い方。形容詞の senior は「地位が
上だ」の意味で使うのが普通であり，「年上だ」という場
合にはあまり使いません。一方名詞の senior（年上の人）
は，My husband is five years my senior.（夫は私より5
歳年上です）のように使うことができます。

....

☐ **( ) 内から正しい方を選んでください。**
彼は一人っ子です。 He is (an / the) only child.

【an】☞ 1つしかないものは the only で表します。たと
えば「彼は社長の一人息子だ」は，He is the only son of
the president.（または He is the president's only son.）
です。しかし「一人っ子」は世の中にたくさんいるので，
そのうちの一人を表すには an only child を使います。

....

☐ **( ) 内から正しい語を選んでください。**
私には姉が2人いて，2人とも結婚しています。
I have two sisters, both of (them / who / whom) are

married.

【whom】 ☞ 文と文をコンマで結びつけることはできないので，them は誤り。I have two sisters, <u>and both of them</u> are married. の下線部は，both of whom で言い換えることができます。whom はしばしば who で言い換えられますが，of の後ろでは who は使いません。

☐**空所に適語を入れてください。**
その兄弟は何歳違いですか。
How many years (　) are the brothers?

【apart】 ☞ apart は「離れて」の意味の副詞。「その兄弟は3歳違いです」なら，The brothers are three years apart. と言います。ただし「私には2つ違いの妹がいます」なら，I have a sister who is two years younger (than I am). などと表現するのが適切です。

---

13 どうする？ どうした？ 何があった？ ①

☐**空所に a で始まる適語を入れてください。**

足がしびれた。　**My legs fell (a　).**

【asleep】 ☞ asleep は「眠って［活動を休止して］いる」で，手足が無感覚になった状態にも使います。My legs became [went] numb. とも言います。

□**( ) 内から正しい方を選んでください。**
今朝ようやく，なくしたカギを見つけた。
This morning I finally (found / found out) the missing key.

【found】 ☞ find out は，調査や研究などを通じて事実や答えなどを見つけ出す場合に使います。なくした品物を見つけるような場合には find を使います。

□**( ) 内から，会話でよく使う方を選んでください。**
旅行でたくさんお金を使った。
I spent (much / a lot of) money on my trip.

【a lot of】 ☞ much でも間違いではありませんが，肯定文中で much（や many）を使うのは堅苦しい言い方。話し言葉では a lot of, lots of, plenty of などを使うのが普通です。

□**より適切な英訳はどちら？**
友人のお見舞いに行った。
① I went to the hospital to see a friend.

3章

これがわかると、英語にグンと自信がつきます〈中級編〉

② **I visited a friend in the hospital.**

【②】☞ ②は「入院している友人を訪問した→お見舞いに行った」の意味。①は「友人に会うために病院へ行った」で、その友人が病院のスタッフである可能性もあります。

□( )内から正しい方を選んでください。
先月ベトナムへ出張しました。
I went on a business (travel / trip) to Vietnam last month.

【trip】☞ どちらも「旅行」の意味ですが、trip は可算名詞、travel は不可算名詞です。「〜へ旅行に出かける」は go on a trip to 〜と言い、これに business を加えると「出張する」という意味になります。なお travel は「旅行する」という動詞として使うのが基本なので、「私は旅行が好きだ」は I like traveling [× travel]. と言います。

□( )内から適切な方を選んでください。
自転車置き場で自転車を盗まれた。
My bicycle was stolen (at / from) the bicycle shed.

【from】☞ steal A from B（A から B を盗む）が一種の定型表現なので、「自転車置き場から盗まれた」と考えて from を使うのが自然です。能動態なら Someone stole my bicycle from the bicycle shed. となります。

191

□ 「きのう映画を見に行ったんだ」と言いたいとき，<u>不適切な文</u>を１つ選んでください。
① I went to see a movie yesterday.
② I went to the movie yesterday.
③ I went to the movies yesterday.

【②】☞ 「(一般的に) 映画を見に行く」は，go to the movies, go to (see) a movie などで表します。go to the movies の the movies は「映画館 (the cinema)」の意味です。②の the movie (その映画) は特定の１本の映画を指し，その映画のことが既に話題に出ている状況でなければ使えません。

....

□ ( ) 内から正しい方を選んでください。
やっと試験が終わった。 The exam (is / was) finally over.

【is】☞ is over で「今は終わった状態だ」という意味を表します。was だと「(過去の時点で) 終わっていた」という意味になります。たとえば「彼が来たときには会議は終わっていた」は，The meeting was [× had been] over when he came. と言います。

....

□ アメリカ英語で普通の表現はどちら？
電車で痴漢に体を触られた。
I was felt up (in / on) the train.

【on】 ☞ 「電車の中で」は，アメリカ英語では on the train，イギリス英語では in the train が普通です。同様に「通りで」も，アメリカ英語では on the street，イギリス英語では in the street と言います。

14 どうする？ どうした？ 何があった？ ②

□( ) 内から正しい方を選んでください。
私のマウスは故障している。
My mouse is (broken / out of order).

【broken】 ☞ out of order（故障している）は，エレベーターやコピー機など，多数の人が共用する機械や設備の故障に使います。個人が所有する小型の装置や道具（時計など）には broken を使うのが適切です。

□**より適切な英訳はどちら？**
父に宿題を手伝ってもらった。
① **I had my father help me with my homework.**
② **I got my father to help me with my homework.**

【②】☞ 〈have ＋人＋動詞の原形〉は「〜させる，してもらう」の意味ですが，have の後ろには目下の人やそれを仕事にしている人を置くのが普通です。たとえば「(部下の)誰かに書類をコピーさせる」は have someone copy the documents と言えます。目上の人に (頼んで) 何かをしてもらうときは，〈get ＋人＋ to do〉の形を使うのが適切です。

□( ) 内から正しい方を選んでください。
私たちは彼の車でドライブに行った。
 We went for a drive (by / in) his car.

【in】☞ 「車で」は by car。この表現では，car は「車という交通手段」という抽象的な意味なので，by a [the] car とは言いません。by taxi (タクシーで)，by telephone (電話で) なども同様です。この問いの場合は「彼の車に乗って」の意味で in を使います。

□空所に適切な前置詞を入れてください。
今日は 2 か月ぶりに映画を見に行った。
 I went to see a movie ( ) the first time ( ) two months.

【for, in】☞ for the first time は「初めて」。for the first time in 〜で「〜ぶりに」という意味になります。「久しぶりに」は for the first time in a long time [while] と表現できます。

☐ **空所に適語を入れてください。**
締め切りが間近に迫っている。
The deadline is just around the (　).

【corner】☞ (just) around the corner は「角を曲がって
すぐのところにある→間近に迫っている」の意味です。ま
た，cut corners は「近道する→手を抜く」，drive 〜 into
a corner は「〜を隅に追いやる→〜を窮地に追い込む」
の意味になります。

- -

☐ **(　) 内から正しい方を選んでください。**
今年の夏に友人と台湾へ旅行します。
**I'm going to travel to Taiwan with (a / my) friend this
summer.**

【a】☞ 「友人のうちの一人」の意味なら a friend が適切。
my friend と言うと，「私のただ1人の友人」あるいは「私
にとって特別な友人」のような響きになります。

- -

☐ **空所に s で始まる適語を入れてください。**
私たちは渋滞で身動きが取れなくなった。
We were (s　) in heavy traffic.

【stuck】☞ stuck は stick（刺す，貼りつける，動けなく
する）の過去分詞で，be [get] stuck in 〜は「〜で身動き
が取れなくなる」ということ。A fishbone stuck in my

throat.（魚の骨がのどにささった），Stick a stamp on the envelope.（封筒に切手を貼りなさい）のように使います。「ステッカー」は sticker（貼り付けるもの）です。

....

□ 空所に適語を入れてください。
試験の結果は私の予想とは違っていた。
My exam results were different from (　) I expected.
【what】 ☞ what I expected は「私の予想したもの［結果］」。what は the thing(s) that の意味の関係代名詞です。この what は前置詞の後ろに置かれることがよくあり，I apologize for what I did.（私のしたことをおわびします）のように使います。

15 感想を英語で言ってみよう

□ 空所に適語を入れてください。
頭が痛い。ゆうべあんなに飲みすぎるんじゃなかった。
I have a headache. I (　)(　) drunk so much last night.

【shouldn't have】 ☞ 〈should have ＋過去分詞〉で「～すべきだった（のに実際はそうしなかった）」という意味を

表します。この例では否定文なので,「飲み過ぎるべきで
はなかった（が飲み過ぎた）」と後悔する気持ちを表して
います。

□ 空所に適語を入れてください。
私はいつの間にかこの町が好きになっていた。
I have come to like this town (　) I knew it.

【before】☞ before I knew it は「それを知る前に」の
意味の決まり文句で,この文では it が「この町を好きに
なったこと」を指します。before I was aware [conscious]
of it という言い方もあります。

□ 適切な英訳はどちら？
彼らは人気バンドになるに違いない。
① They must become a popular band.
② They are sure to become a popular band.

【②】☞「彼は病気に違いない」は He must be sick. と
言えますが,未来に起こることを推測する場合は be sure
to do（きっと〜するだろう）などを使います。①は「彼ら
は人気バンドにならねばならない」という意味です。

□ ( ) 内から正しい方を選んでください。
「ライフ」は今年最高の映画だと思う。
I think "Life" is the best movie (of / in) the year.

【of】☞ of（〜の）は所有・所属を表し，I think "Life" is this year's best movie. とも言えます。なお，the best movie of this year でもかまいませんが，同じ意味で the も使えます。同様に「8月は1年で一番暑い月だ」は，August is the hottest month of the year. と表現できます。

....

☐ **適切な英訳はどちら？**
ここはいい所ですね。 ① I like here. ② I like it here.

【②】☞ here は「ここに」という副詞なので，SVO の O の位置には置けません。その場の状況を漠然と表す it を使って，②のように表現します。

....

☐ **より自然な英文はどちら？**
今日は何て暑いんだろう。
① It's really hot today. ② How hot it is today!

【①】☞ 目の前の相手に向かって「今日は何て暑いんだろう」と言う場合，How hot it is today! や What a hot day it is today! は大げさすぎる表現です。①のように「今日は本当に暑い」と言えば十分。なお，一般に感嘆文は女性が好む表現とされています。

....

☐ **適切な英訳はどちら？**
私はその本を読んで泣いた。

198

① I cried to read the book.
② I cried when I read the book.

【②】☞ 感情の原因を表す不定詞は，感情を表す形容詞の後ろに置きます。たとえば I was sad to read the book. (私はその本を読んで悲しかった) は正しい文です。しかし①の cried は感情を表す形容詞ではないので，②のように「私はその本を読んだとき泣いた」と表現するのが適切です。

□( ) 内から正しい方を選んでください。
彼は出世すると思う。
I (think / expect) her to succeed in life.

【expect】☞ I think [expect] (that) she will succeed in life. はどちらも可能です。また expect は〈V + O + to do〉の形でも使えますが，think はこの形では使えません。ただし，I think him to be a good leader. (彼はよい指導者だと思う) のように to be を置く形は可能です。

□( ) 内から正しい方を選んでください。
その映画が大ヒットすることは確実だ。
It is (sure / certain) that the movie will become a big hit.

【certain】☞ sure と certain は同意語ですが，sure は主に「(主観的に) 確信している」，certain は「(客観的に)

確実だ」という意味で使います。I'm sure [certain] (that) 〜はどちらも可能ですが，It is certain that 〜（〜ということは確実だ）の certain を sure で置き換えることはできません。

16 英語で自分の主張をしてみよう

□( ) 内から適切な方を選んでください。
愛はお金では買えない。
You cannot buy love (by / with) money.

【with】☞ with は「〜を使って」の意味で，後ろに（具体的な）道具を置きます。by（〜によって）は手段を表し，後ろには（抽象的な）交通手段や動名詞（〜 ing）を置きます。この文は，Money cannot buy love.（お金は愛を買えない）とも表現できます。

□より自然な英訳はどちら？
陰で他人の悪口を言うな。
① **Don't say bad things about others behind their backs.**
② **Don't speak ill of others behind their backs.**

【①】☞ speak ill of ～は，主にことわざなどの中で使う古めかしい言い方。「～の悪口を言う」は，say bad things about ～などで表すのが普通です。

□( ) 内から正しい方を選んでください。
英語を学ぶ最善の方法は，英語が使われている国に住むことだ。
The best way to learn English is to live in (a / the) country where it is spoken.

【a】☞ 「英語が使われている国」はたくさんあります。その中の1つに住むわけだから，a を使うのが適切です。この文で the を使うと，（the には1つに特定する働きがあるので）英語を使う国が1つしかないことになり不自然です。

□( ) 内から最も自然なものを選んでください。
歩きながらスマホを使うのは危険だ。
It's dangerous to use (a smartphone / the smartphone / smartphones) while you are walking.

【a smartphone】☞ the smartphone だと「その（特定の）スマホを使う」という意味になるので不自然。また smartphones だと，同時に2台以上のスマホを使うような響きになるので不自然。歩きながら（1台）のスマホを使っている場面を思い浮かべて，a smartphone を使うのがベストです。

日本人によくある英語の間違いです

□( ) 内から正しいものを1つ選んでください。
ほとんどの学生がスマホを使っている。
(Almost / Almost of / Most / Most of) students use smartphones.

【Most】☞ almost（ほとんど）は副詞なので，名詞の前に置いたり，後ろに of を加えたりすることはできません。most は「ほとんど」（名詞）または「ほとんどの」（形容詞）で，most students は問題なし。most of を使うときは，後ろに the や所有格などが必要です。most of the students は「その学生たちの大部分」という意味になります。

□( ) 内から正しい方を選んでください。
メンバーは誰もが彼の提案に反対した。
(Any / Every) member objected to his proposal.

【Every】☞ any は「どんな〜でも」，every は「すべての」。「どのメンバーも彼の提案に反対するだろう」なら，Any [Every] member would object to his proposal. のどちらも OK です。しかし any は「どの1つをとってみても」の意味なので，（過去の）具体的な事実を表す場合には使えま

せん。

3章 これがわかると、英語にグンと自信がつきます〈中級編〉

□ ( ) 内から正しい方を選んでください。
うるう年は４年ごとに来る。
A leap year comes every four (year / years).

【years】☞ every の後ろには単数形の名詞を置くのが原則ですが、「〜ごとに」の意味のときは〈every ＋数字＋複数名詞〉の形を使います。たとえば「その雑誌は隔月刊だ」は，The magazine is published <u>every two months</u>.。　下線部は bimonthly（隔月で）で言い換えられます。

□ ( ) 内から正しい方を選んでください。
誤った情報を含む多くのサイトがある。
There are a lot of websites (containing / which are containing) false information.

【containing】☞ containing は問題ありません。関係代名詞を使って言い換えると，which [that] contain です。contain（〜を含む）は進行形にできない動詞だから，which are containing は誤り。つまり, websites containing 〜は，websites (which are) containing 〜の which are が省略された形ではない，ということです。

□ ( ) 内から正しい方を選んでください。
「アメリカの大統領は誰ですか」「ドナルド・トランプです」

"Who is the President of the United States?" "(He / It) is Donald Trump."

【It】 ☞ 問いの文の主語は the President of the United States で，理屈の上では男女両方の可能性があります。したがって it で受けるのが適切。同様に，男女の区別がつかない赤ちゃんにも it を使います。

□空所に適切な前置詞を入れてください。
ジャイアンツは 3 対 2 で試合に勝った。
The Giants won the game ( ) 3 ( ) 2.

【by, to】 ☞ 「対」は to で表します。by は「〜の差で」の意味。「僅差で」は by a hair（髪の毛 1 本の幅の差で）と表現します。He is older than me by two years.（彼は私より 2 歳年上です）などの by も同様です。

□空所に適語を入れてください。
雪が 10 センチ積もった。 The snow lay 10 centimeters ( ).

【deep】 ☞ 「10 センチの深さに」の意味で deep を使います。尺度を表す tall, long, deep, wide などの前には数字を置き，たとえば「このトンネルの長さは 500 メートルです」は This tunnel is 500 meters long. と言います。

□空所に適切な前置詞を入れてください。

彼女は小学校の先生だ。
She is a teacher (　) an elementary school.

【at】☞ at を使うのが普通。of だと「ある小学校のスタッフを指導する先生（teach an elementary school）」のような違った意味に誤解されるおそれがあります。同様に「X 大学の学生」は a student at X University が普通の言い方です。

18 モノの聞き方を知っていますか

□(　)内から正しい方を選んでください。
バレンタインデーには彼氏に何をあげるの？
What are you going to (give / present) your boyfriend on Valentine's Day?

【give】☞ present は「（式典などで）贈呈する」の意味で，日常的なプレゼントには使いません。give は「あげる」の意味で使えます。

□(　)内から正しい方を選んでください。

あなたたちは，どんないきさつで知り合ったのですか。
How did you (come / become) to know each other?

【come】☞ 「～するようになる」は，come [get] to do
で表します。become to do という形はありません。一方，
come to be ～とは言いません。たとえば「私は西洋美術
に興味を持つようになった」を I've <u>come to be</u> interested
in Western art. と表現するのは誤り。下線部は become
に直す必要があります。

□( ) 内から正しい方を選んでください。
この野菜にはどんなビタミンが含まれていますか。
**What kinds of vitamins are (contained / included) in this
vegetable?**

【contained】☞ include は「全体のうちの一部として含
む」。「成分として含む」の意味は contain で表します。

□適切な英訳はどちら？
その箱には何が入っているの？
① **What's in that box?** ② **What's there in that box?**

【①】☞ たとえば「その箱にはおもちゃが入っている」は
There is <u>a toy</u> in that box. です。この下線部を尋ねる疑
問文は，文法的には What is there in that box? となりそ
うですが，この there は不要です。there がなくても意味

を誤解されるおそれはないからです。

□( ) 内から正しい方を選んでください。
パーティーには誰が来るの？
Who (is / are) coming to the party?

【is】☞ パーティーに来る人は1人ではないでしょうが，疑問詞の who は単数扱いするのが文法のルールです。

□**より自然な英文はどちら？**
（警備員に対して）ここに駐車もしていいですか？
① Can I park here? ② May I park here?

【①】☞ May I ～? は相手の判断で「許可を与えてもらえますか」と尋ねるていねいな言い方。駐車できるかどうかは規則で決まっているので，①を使うのが適切です。なお，たとえば May I smoke?（たばこを吸ってもいいですか）と尋ねられた場合，Yes, you may. と答えると「私があなたに許可を与えます」という尊大な響きになるので，Yes, please. や No problem. などを使うのが自然です。

□( ) 内から正しい方を選んでください。
香川県の県庁所在地はどこですか。
(What / Where) is the capital of Kagawa Prefecture?

【What】☞ 返答の文は It's Takamatsu. なので，下線部

207

（名詞）を尋ねるには what（疑問代名詞）を使います。where を使うと「香川県の県庁所在地はどこにありますか」という違う意味になります。また，道に迷ったとき「ここはどこですか」を Where is here? とは言えません（正しくは Where am I [are we]?）。

□空所に適語を入れてください。
そのレストランは何時までやっているの？
How (　) is that restaurant open?

【late】 ☞ 「どのくらい遅く（まで）」ということ。How often ～?（どのくらいの頻度で），How soon ～?（あとどのくらいで）などにも注意してください。

19 どうやって言い換える？

□空所に適語を入れてください。
What's your weight? = How much do you (　)?

【weigh】 ☞ 「あなたの体重はいくらですか」の意味。weight（重さ，体重）は名詞，weigh は「～の重さがある」

という意味の動詞です。weigh の発音は way（道）と同じです。

☐ **空所に適語を入れてください。**
Shall we have dinner together?
= (　) don't we have dinner together?

【Why】☞ 「一緒に夕食をとらない?」の意味。Shall we 〜? = Why don't we 〜? で、「（一緒に）〜しませんか」と相手を誘う場合に使います。shall を使うのは主にイギリス英語であり、アメリカ英語では Why don't we 〜? が好まれます。またくだけた会話では、Do you want to have dinner with me? と誘うこともあります。

☐ **空所に適語を入れてください。**
The answer of this question is No.3, isn't it?
= The answer of this question is No.3, (　)?

【right】☞ 「〜ですよね」と確認したり念を押したりしたい場合、会話では付加疑問の代わりにしばしば right を使います。「私の言っていることは正しいですね?」ということです。答え方は基本的に付加疑問の場合と同じですが、たとえば He didn't come, right?（彼は来ませんでしたね）に対して単に Yes. と答えると「いいえ、来ました」の意味にも「ええ、来ませんでした」の意味にも解釈する余地があるので、前者の意味なら Yes, he did. と答えるのがべ

209

ターです。

□ 空所に適語を入れてください。

His son is a seventh grader.
= His son is in the (　) year of junior high school.

【first】☞ 「彼の息子は中学1年生だ」の意味。最初の文の直訳は「彼は7番目の学年の生徒だ」。英米では学年を小学校から通算して数えるので，日本の中学1年生は「7年生」に相当します。His son is in the seventh grade. とも言うので，「彼の息子は何年生ですか」は What grade is his son in? と表現できます。

□ 空所に適語を入れてください。

The repair cost was estimated to be over 1,000 dollars.
= (　) (　) estimated (　) the repair cost would be over 1,000 dollars.

【It was, that】☞ 「修理費用は 1,000 ドルを越えると見積もられた」の意味。He is said to be a good leader. = It is said that he is a good leader. （彼はよい指導者だと言われている）などと同じパターンの言い換えです。

20 どんな状況？
——英文のつくりかた①

□ **正しい英文に直してください。**
　私はそのテニスサークルに入ることに決めました。
　I've decided to enter the tennis circle.

【**I've decided to join the tennis club.**】☞ enter は建物などの場所に入る場合に使います。この文では join（加わる）を使うのが適切。また，テニスサークルは和製英語。これに相当する英語は tennis club です。

．．．．．．．．．．．．．．．．．．．．．．．．．．．．．．．．．．．．．．

□ **英文中に足りない1語を補ってください。**
　私は遅刻したことを彼女にわびた。
　I apologized her for being late.

【**her → to her**】☞ 〈apologize to A for B〉の形で「Bの理由でA（人）にわびる」という意味。to A と for B のどちらか一方，または両方を省略することもできます。単に「おわびします」と言いたいときは，I apologize. を使います（I'm sorry. より改まった表現）。

．．．．．．．．．．．．．．．．．．．．．．．．．．．．．．．．．．．．．．

□ **英文の誤りを訂正してください。**

遅刻しそうだったので，私はタクシーに乗った。
I was going to be late, so I got on a taxi.

【got on → took】get on は大型の乗り物に乗る場合に使
います。たとえば「バスに乗る」は get on the bus，「バス
から降りる」は get out of the bus です。一方，車やタク
シーなど小型の乗り物の場合は，get into a car（車に乗り
込む），get out of a car（車から降りる）のように言います。
しかしこの問いでは，「（交通機関）を利用する」の意味
を表す take を使うのが適切です。

──────────

□英文の誤りを訂正してください。
リスト中にいくつか誤りを見つけたが，まだ直していない。
I found some errors in the list, but I haven't corrected yet.

【corrected → corrected them】☞ them = the errors
で，「まだそれら（の誤り）を直していない」と表現する必
要があります。correct は「〜を訂正する」という意味の
他動詞で，後ろに目的語が必要です。

──────────

□英文の誤りを訂正してください。
ロボット工学を勉強するためにこの本を読んでいます。
I'm reading this book for studying robotics.

【for studying → to study】☞ 「〜するために，〜する
目的で」を，〈for ＋〜 ing〉の形で表すことは，原則とし

てできません。この意味を表すには，不定詞を使いましょう。書き言葉で目的の意味を明らかにしたいときは，in order to study という形を使ってもかまいません。

□ **シンプルな英訳を完成してください。**
このスカートはウエストが細すぎて，私にははけないわ。
This skirt is (　　　).

【too tight for me】☞ 「このスカートは私にはきつすぎる」と言えば十分です。「ウエストが細い」を直訳しようとしたり，〈so ～ that …〉を使って必要以上に長い文を作ったりしないことがポイントです。スカートははくものに決まっているから，wear などを使う必要もありません。

□ **英文の誤りを訂正してください。**
上司からその書類をシュレッダーにかけるように言われた。
My boss said to me to shred the documents.

【said to → told】☞ 「（人）に～するように言う［命じる］」は，〈tell ＋人＋ to do〉の形で表します。say は〈say to ＋人＋ that ～〉の形で「人に～と言う」という意味を表し，that 節の代わりに不定詞を使うことはできません。

213

□ **英文の誤りを訂正してください。**
明日の試合は午後6時から始まります。
Tomorrow's game starts from 6 p.m.

【**from → at**】☞ 「始まる」の意味の start・begin の後ろには，移動などの起点を表す from は置けません。「6時に始まる」と考えて at を使います。「4月に始まる」は start in April，「4月3日に始まる」は start on April 3 です。

□ **英文の誤りを訂正してください。**
彼は田舎でのんびりした生活を送っている。
He is sending a leisurely life in the country.

【**sending → leading [living]**】☞ send は物をある場所から別の場所を送ること。「〜な生活を送る」は，lead [live] a 〜 life と表現します。

□ **より自然な英文に変えてください。**
この仕事は1週間では終わらないと思う。
I think we won't finish this work in a week.

これがわかると、英語にグンと自信がつきます〈中級編〉

【I don't think we'll finish this work in a week.】☞ 英語では，否定語（not・no など）をなるべく前に置きます。したがって「〜ではないと思う」は，I don't think 〜（〜だとは思わない）と表現するのが普通です。意味の面からも，「終わらないと思う」だと断定しているように響くので，「終わるとは思わない」と言う方が穏やかな表現です。

☐ 英文の誤りを訂正してください。

この案は再検討を要する。

This plan needs to reconsider.

【to reconsider → to be reconsidered】☞ 主語が人間なら，We need to reconsider this plan. です。this plan を主語にする場合は「この案は再検討されることを必要とする」と考えて，This plan needs to be reconsidered. と言います。下線部は reconsidering で言い換えることもできます。

☐ 英文の誤りを訂正してください。

私は違う結果を期待していました。

I had hoped a different result.

【hoped → hoped for】☞ hope の後ろには（that で始まる）文の形や不定詞は置けますが，名詞を置くときは for が必要です。また，「彼が成功することを望む」を I

215

hope him to succeed. とは言えませんが，I hope for him to succeed. は可能です。

□英文の誤りを訂正してください。
姉は長髪です。　My sister is a long hair.

【My sister has long hair.】☞「姉は長い髪を持っている」と表現します。hair は数えられない名詞なので，a はつけません。なお「長髪の女性」は a woman with long hair または a long-haired woman と言います。

□より適切な英文に直してください。
私はヨーロッパ，たとえばイタリアかフランスへ旅行したい。
I want to travel to Europe. For example, Italy or France.

【I want to travel to Europe, for example Italy or France.】☞ もとの2番目の文は，単語が並んでいるだけで文の形になっていません。ライティングでは，このような形は避けるべきです。for example の後ろが文の形なら，I'm a sports fan. For example, I like basketball. (私はスポーツファンです。たとえばバスケットボールが好きです) のように言えます。I'm a sports fan; for example, I like basketball. と書いてもかまいません (セミコロンはピリオドとコンマの中間の働きをします)。

□英文の誤りを訂正してください。

職場ではあだ名で呼ばれています。
I'm called my nickname in my office.

【my nickname → by my nickname】☞ 「私はケンちゃんと呼ばれている」なら I'm called Ken-chan. ですが，これは People call me Ken-chan. という SVOC の形に対応しています。People call me my nickname. だと「私はニックネームと呼ばれている」という不自然な意味になるので，もとの文は誤り。by nickname（あだ名で）と表現します。

□**英文の誤りを訂正してください。**
このセーターは姉の手編みです。
This sweater is knitted by my sister's hand.

【This sweater was knitted by my sister.】☞ 能動態に直した場合，My sister's hand knitted this sweater. は不自然ですね。「姉によって編まれた」と表現すれば，「手編み」であることはわかります。

□**英訳してください。**
魚は何匹釣れたの？

【How many fish did you catch?】☞ fish や fruit は，種類を表すとき以外は複数形にはしません。「2匹の魚（two fish）」と「2つの果物（two pieces of fruit）」の表し方の違いにも注意。catch は必ずしも「釣る」という意

味ではありませんが，相手が釣りに行ったことを知っている状況なら catch で OK です。

どんな状況？
——英文のつくりかた③

□**英文の誤りを訂正してください。**
父の趣味はカメラです。　My father's hobby is camera.

【**camera → taking pictures [photos]**】☞ 趣味とは何らかの活動のことであり，「趣味＝カメラ」ではありません。「父の趣味は写真を撮ることです」と表現するのが適切。なお，写真撮影は一般的・抽象的な行為なので，動名詞を使います。My father's hobby is to take pictures. は不自然です。

⋯⋯⋯⋯⋯⋯⋯⋯⋯⋯⋯⋯⋯⋯⋯⋯⋯⋯⋯⋯⋯⋯⋯⋯⋯⋯

□**英文の誤りを訂正してください。**
私は今までに２回韓国へ行ったことがあります。
I have ever been to Korea twice.

【**ever を削除する**】☞ ever（今までに）は，原則として肯定文中では使いません。ただし，This is the best song

218

I have ever heard.（これは私が今までに聞いた最高の曲だ）などは可能です。

☐ **英文の誤りを訂正してください。**
　私は宮城県の県庁所在地である仙台市の出身です。
　I'm from Sendai which is the capital of Miyagi Prefecture.

　【Sendai の後ろにコンマを入れる】 ☞ 関係詞（which，who，where，when など）の前にコンマを置いた形を継続［非制限］用法と言い，前の名詞に補足説明を加える働きをします。コンマがないと which 以下が Sendai の意味を限定する働きをするので，「いくつかの仙台のうちで，宮城県の県庁所在地である仙台」という不自然な響きになります。

☐ **英文の誤りを訂正してください。**
　君の誕生日を忘れて本当にごめん。
　I'm sorry very much for forgetting your birthday.

　【I'm really sorry for 〜】 ☞ (very) much は，動詞を修飾するのに使います。形容詞を修飾するのは very なので，I'm very sorry for 〜なら OK。ただし会話では，しばしば very の代わりに really や awfully などを使います。

☐ **英文の誤りを訂正してください。**
　その計画を立てるのは簡単かもしれないが，それを実行す

219

るのは難しい。
It might be easy to make the plan, but it's difficult to carry
out it.

【carry out it → carry it out】 ☞ carry out（〜を実行す
る）のように〈動詞＋副詞〉が1つの他動詞の働きをする
場合，代名詞の目的語は副詞の前に置きます。たとえば
「彼を見送る」は see him off です。

．．

☐英文の誤りを訂正してください。
あなたはここのスタッフですか。 Are you a staff here?

【Are you a staff member here?】 ☞ staff は「職員団」
の意味の不可算名詞で，a はつけられません。1人のス
タッフは a staff member と言います。なお，here は前の
名詞を修飾する副詞として使われます。the climate here
（当地の気候），a trip abroad（外国旅行）などと同様の
表現です。

．．

☐英文の誤りを訂正してください。
検診の結果が届いたら，私に知らせてください。
Let me know if you get the results of your checkup.

【if → when】 ☞ if（もし〜なら）は，（後ろが仮定法で
ない限り）五分五分の可能性を表します。この文では，検
診の結果は必ず届くのだから，when（〜するとき）を使っ

て表現するのが適切です。when の後ろでは will は使わないので，get を will get としないように。

☐ **英文の誤りを訂正してください。**
私は毎年冬には北海道へスキーに行きます。
I go skiing to Hokkaido every winter.

【to → in】☞ go（行く）＋ skiing in Hokkaido（北海道でスキーをする）と考えます。to を使うと「北海道へスキーをしながら行く」のように響くので不自然。go camping in the mountains（山へキャンプに行く），go shopping at the mall（モールへ買い物に行く）なども同様です。

☐ **英文の誤りを訂正してください。**
このオフィスは働き心地がいい。
This office is comfortable to work.

【work → work in】☞ It is comfortable to work in this office.（このオフィスで働くのは心地よい）をもとにして考えます。同様に，たとえば「このペンは使いやすい」は，It is easy to use this pen. → This pen is easy to use. のように表現できます。

☐ **英訳を完成してください。**
私の学校は私服です。 Our school (　　　　).

【doesn't have a uniform】 ☞ 「私服」は private clothes などと表現できますが、「私の学校は制服を持っていない」と言う方がシンプルです。制服が2種類以上あれば，a uniform を uniforms としてもかまいません。

---

23 ちょっとツラい状況です

☐ **正しい英文に直してください。**
誰も私の言うことを信じなかった。
Everyone didn't believe what I said.

【No one believed what I said.】 ☞ 否定を表す語（not, no など）はなるべく前に置くのが基本ルール。もとの文は「誰もが私の言うことを信じたわけではない」（部分否定）の意味に解釈されるおそれもあるので，主語を no one（誰も～ない）にするのが適切です。

☐ **英文の誤りを訂正してください。**
どこかで財布を落としたかもしれない。
I'm afraid I might have fallen my purse somewhere.

【fallen → dropped】☞ drop は「落ちる」「〜を（過失でまたは故意に）落とす」の両方の意味で使いますが，fall には「落ちる」の意味しかありません。

□ 英文中に足りない1語を補ってください。
誰かにあとをつけられている気がする。
I feel as if we're followed by someone.

【followed → being followed】 ☞ Someone is following us.（誰かが私たちのあとをつけている（ところだ））を受動態の文に直すと，We are being followed by someone.（私たちは誰かにあとをつけられている（ところだ））となります。

□ 英文の誤りを訂正してください。
上司は私が2週間の休暇を取るのを許可しなかった。
My boss didn't allow me to take a two-weeks vacation.

【two-weeks → two-week】☞ 〈数字＋ハイフン＋名詞〉が1つの形容詞の働きをするときは，数字が2以上でも名詞は単数形を使います。たとえば「30分の休憩」は a thirty-minute break，「6歳の男の子」は a six-year-old boy です。

□**英訳を完成してください。**
新しいスマホがほしいけれど，お金がない。
I want a new smartphone, but I (　　　　).

【**don't have enough money**】🖙 日本語を直訳して
have no money とすると「所持金がゼロだ」という意味に
なるので，「十分なお金を持っていない」と表現します。
can't afford one などを入れることもできます（can't afford
＝〜を買う金銭的な余裕がない）。

....

□**英文の誤りを訂正してください。**
**母親と一緒に買い物をしているところを見られて恥ずかし
かった。**
I was shy when I was seen shopping with my mother.

【**shy → embarrassed**】🖙 「恥ずかしい，ばつが悪い」
は embarrassed で表します。shy は「（人と接するとき）
内気だ」，ashamed は「（良心に照らして）恥ずかしい」と
いう意味です。

24 さりげなく言ってみたいひと言

☐ **英文の誤りを訂正してください。**
仕事を手伝おうか？ Should I help your work?

【**Should I help you with your work?**】help は「（人）を手助けする」という意味なので，後ろには仕事ではなく人間を置きます。〈help ＋人＋ with ＋仕事など〉で「（人）の（仕事など）を手伝う」という意味です。

─────────────────────────

☐ **英文の誤りを訂正してください。**
その本を読み終えたら，ぼくに貸してくれる？
Can you lend me the book when you'll have finished reading it?

【**you'll → you**】☞ when（～するとき）など時を表す接続詞の後ろでは，will は使えません。したがって〈will have ＋過去分詞〉（未来完了形）の代わりに現在完了形を使います。

─────────────────────────

☐ **英文の誤りを訂正してください。**
駅から私の職場までの地図をかいてあげましょう。

I'll write you a map from the station to my office.

【**write → draw**】 write は文字を書くこと。線で絵を描く場合は，draw a picture [map] と言います。draw には「引く」の意味もあり，「カーテンを引く [閉める]」は draw the curtains です。

・・・

☐ 英文の誤りを訂正してください。
私の留守中に電話がありましたか。
Was there any call while I was going out?

【**going を削除する**】 out は「外出している」の意味の形容詞。while I was going out だと「私が外出しつつあった間に」という不自然な意味になります。

25 "あの話題"でひと言言えますか？

☐ 英文の誤りを訂正してください。
あなたの市の人口はどのくらいですか。
How many is the population of your city?

【many → large】☞ 「多い人口」は many population ではなく，a large population です。それ自体が数量の意味を含む名詞，たとえば number（数），amount（量），income（収入）などは，数量の大小を large・small で表します。

□正しい文に直してください。
日本は地震の多い国だ。
Japan is the country where earthquakes often occur.

【the → a】☞ 〈単数名詞＋修飾語〉が「1つしかないもの」なら the を，複数ありうるものなら a/an を名詞の前に置きます。「地震の多い国」は日本だけではないから，正しい冠詞は a です。「私がきのう買った本」の場合，買った本が1冊なら the book I bought yesterday，2冊以上なら a book I bought yesterday です。

□英文の誤りを訂正してください。
この辞書は私の辞書よりもずっと分厚い。
This dictionary is much thicker than my one.

【my one → mine】☞ one の前に形容詞があれば，たとえば「私の新しい辞書」を my new one と言うことはできます。しかし my one という形は誤りで，mine（所有代名詞）を使います。同様に my brother's one も誤りで，単に my brother's と言います。

☐**英文の誤りを訂正してください。**
その地震で多くのビルが倒壊した。
A large amount of buildings collapsed in the earthquake.

【amount → number】 ☞ a large amount of は「大量の」で，後ろには不可算名詞を置きます。たとえば「大金」は a large amount [sum] of money です。この文では buildings が可算名詞なので，a large number of（多数の）を使うのが正しい形です。

☐**できるだけシンプルに英訳してください。**
ブラジルで主に話されている言語はポルトガル語（Portuguese）です。

【Brazilians mainly speak Portuguese.】 ☞ 日本語を直訳すれば The language (that is) spoken in Brazil is Portuguese. ですが，「ブラジル人は主にポルトガル語を話す」と表現すればシンプルになります

4 章

英語で言えたら自慢できる
言葉だけを集めました

〈中級編〉

モーニング
コール
（　　）call

ワンワン
（犬の鳴き声）

非常口

秋田県
Akita（　　）

算数

コケコッコー

bow-wow

wake-up call

emergency exit

Akita Prefecture

cock-a-doodle-doo

arithmetic

■そうだったのか！　毎日の単語②

かき氷

封筒

洗剤

楽器
musical (　　)

防水時計
(　　) watch

つまようじ

envelope

shaved ice

detergent

musical instrument

waterproof watch

toothpick

■そうだったのか！　毎日の単語③

ボールペン
（　　）pen

ピーマン

消火器
fire（　　）

燃えるごみ

まゆ

留守番電話

ballpoint pen

green pepper

fire extinguisher

burnable garbage

(eye)brow

answering machine

■身のまわりのものを指す言葉①

箸

イワシ

小麦

ほうれん草

有機野菜
(　) vegetables

輪ゴム

chopsticks

sardine

wheat

spinach

organic
vegetables

rubber
band

■身のまわりのものを指す言葉②

電球

折りたたみ傘

（卵の）黄身

千円札

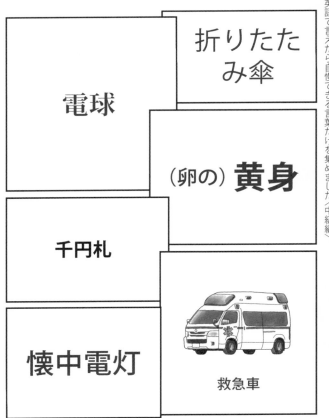

救急車

懐中電灯

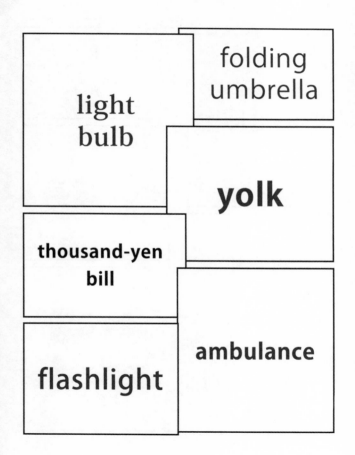

light
bulb

folding
umbrella

yolk

thousand-yen
bill

ambulance

flashlight

■身のまわりのものを指す言葉③

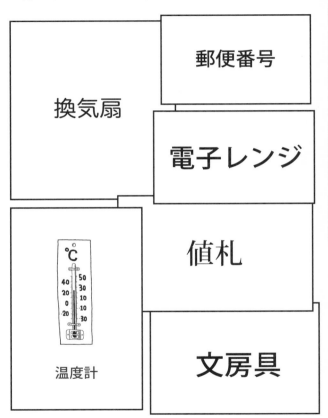

郵便番号

換気扇

電子レンジ

値札

℃

温度計

文房具

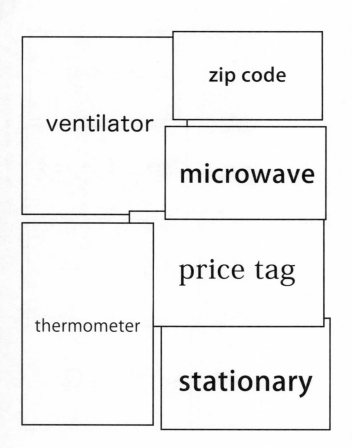

zip code

ventilator

microwave

price tag

thermometer

stationary

■すべて「場所」です

みやげ物店
(　　)shop

避暑地

（学校の）
保健室

（ホテルの）
フロント

レジ〈の場所〉

免税店
(　　)shop

souvenir shop

summer resort

nurse's office

front desk

checkout counter

duty-free shop

■その「数字」は何？

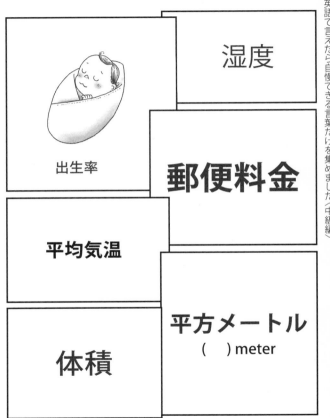

出生率

湿度

郵便料金

平均気温

平方メートル
（　）meter

体積

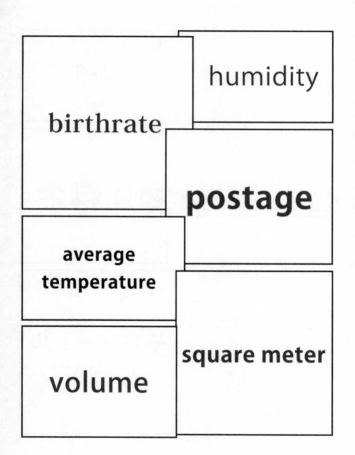

humidity

birthrate

postage

average
temperature

volume

square meter

■どこのことでしょう？

試着室
( ) room

（空港の）手荷物受取所
baggage ( )

通路側の席
( ) seat

幼稚園

目的地

保育園
( ) school

fitting room

baggage claim

aisle seat

kindergarten

destination

nursery school

■カラダについての英単語

咳

情緒不安定だ
(　　) unstable

めまいが
する
feel (　　)

くしゃみ

神経

あくび

cough

emotionally
unstable

feel dizzy

sneeze

nerve

yawn

■人間関係に関わる言葉

そんなに
意地悪
しないで。
Don't be so (　).

離婚

子どもを
甘やかす
(　) one's children

自己中心的な
態度
(　) attitude

うちの父親は
うざい。
My father is (　).

責任を取る
take the (　)

251

divorce

Don't be so mean.

spoil one's children

self-centered attitude

My father is annoying.

take the responsibility

■一体何をする？　①

家を設計する
(　　) a house

穴を掘る
(　　) a hole

献血する
(　　) blood

契約書に署名する
sign a (　　)

詩を暗記する
(　　) a poem

本を
編集する
(　　) a book

design a house

dig a hole

donate
blood

sign a contract

memorize a poem

edit a
book

■一体何をする？ ②

方言で話す
speak in ( )

経費を見積もる
( ) the cost

喫煙を禁止する
( ) smoking

はだしで歩く
walk ( )

うがい（をする）

英文を翻訳する
( ) an English sentence

255

speak in dialect

estimate the cost

prohibit smoking

walk barefoot

gargle

translate an English sentence

■なんとかモノにしたい単語①

アンケート

（コピー機の）
紙詰まり
paper (　)

採決する
take a (　)

おっと，しまった！

きゅうり

前売り券
(　) ticket

257

questionnaire

paper jam

take a vote

Oops!

cucumber

advance ticket

■なんとかモノにしたい単語②

いびき

親戚

ドアの鍵
を開ける
（　　）a door

分譲マンション

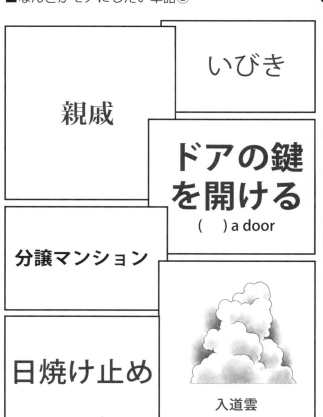

入道雲

日焼け止め

snore

relative

unlock
a door

condo(minium)

thunderhead

sunscreen

■なんとかモノにしたい単語③

部屋に掃除機を
かける
(　　) the room

トレーニングをする
work (　　)

球

半熟卵
(　　) egg

化粧品

電気

vacuum the room

work out

sphere

half-boiled [soft-boiled] egg

cosmetics

electricity

■なんとかモノにしたい単語④

うるう年
(　)year

先祖

寒波

占い

豊作
good (　)

副作用

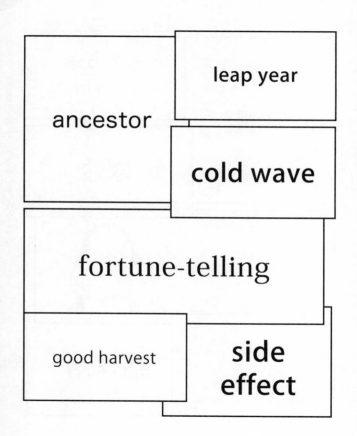

leap year

ancestor

cold wave

fortune-telling

good harvest

side effect

大使

市長

投資家

担当者
person in (　　)

妊婦
(　　) woman

厳しい先生
(　　) teacher

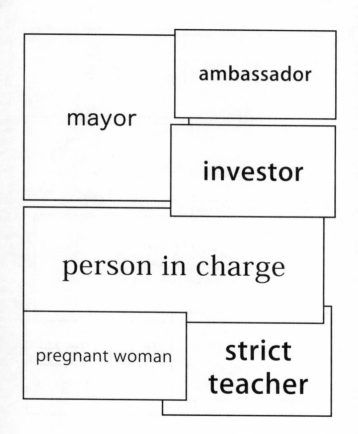

mayor

ambassador

investor

person in charge

pregnant woman

strict teacher

テレビタレント
TV (　　)

外交官

副社長
(　　) president

大学院生

映画監督

寛大な上司
(　　) boss

TV personality

diplomat

vice president

postgraduate

movie director

generous boss

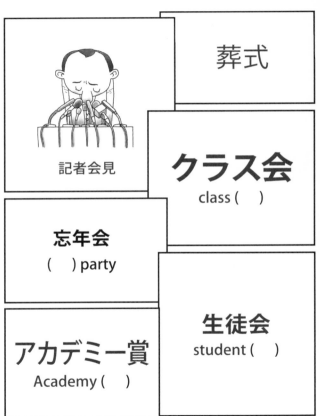

■どんな集まり？

記者会見

葬式

クラス会
class (　　)

忘年会
(　　) party

アカデミー賞
Academy (　　)

生徒会
student (　　)

269

press
conference

funeral

class
reunion

year-end
party

student
council

Academy
Award

■あれ、その症状は？

食中毒

食欲がない。
I have no (　)

のどが痛い。
I have a (　) throat.

船酔いする
get (　)

腰痛

筋肉痛

food
poisoning

I have no
appetite.

**I have a sore
throat.**

get seasick

lower back pain

**muscle
pain**

■コワい英単語

亡くなる
（　　）away

キモい！
It's（　　）

いじめ

クレームをつける
make a（　　）

包帯

悲劇

pass away

It's disgusting!

bullying

make a complaint

bandage

tragedy

■地球と宇宙の言葉

彗星

宇宙飛行士

火山

人工衛星

三日月
( ) moon

南極地方
the ( )

comet

astronaut

volcano

artificial
satellite

**crescent
moon**

the Antarctic

■経済についての単語

| 円高 | |

資本主義

不良債権

失業率

需要と供給
( ) and ( )

統計

strong yen

capitalism

bad loan

unemployment rate

supply and demand

statistics

■すべて「目に見えないもの」です

二酸化炭素

遺伝子

愛社精神
company (　)

放射能

地球の引力
the earth's (　)

民主主義

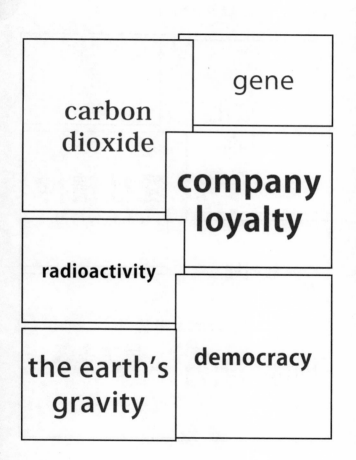

gene

carbon
dioxide

**company
loyalty**

radioactivity

the earth's
gravity

democracy

■すこし "理系" な英単語①

化学反応

食物連鎖

恐竜

生物工学

遺伝子工学

レントゲン

chemical
reaction

food
chain

dinosaur

bioengineering

X-ray

**genetic
engineering**

■すこし"理系"な英単語②

顕微鏡

天然資源

熱帯雨林

研究開発
(　　) and (　　)

実験

水素カー
(　　) car

microscope

natural
resources

**tropical
rainforest**

research and
development

experiment

**hydrogen
car**

■それは何を指している？ ①

buzzword

admission
charge

dark web

cardboard box

electric
appliances

ingredient

流行語

入場料

闇サイト

段ボール箱

材料

電気製品

■それは何を指している？ ②

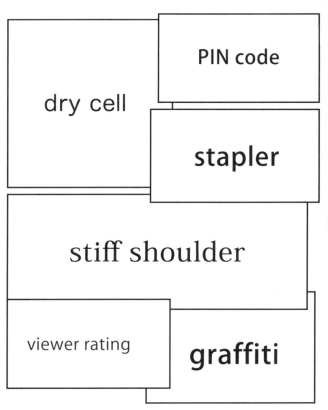

dry cell

PIN code

stapler

stiff shoulder

viewer rating

graffiti

暗証番号

乾電池

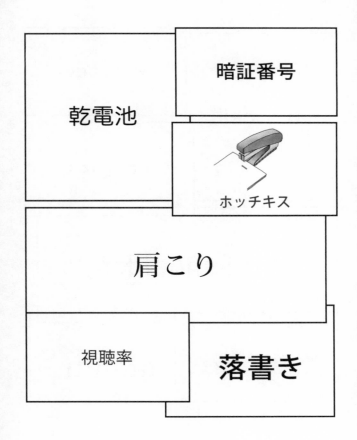

ホッチキス

肩こり

視聴率

落書き

mail order

call the roll

dairy products

carbonated drink

office supplies

revolving door

通信販売

出席を取る

乳製品

炭酸飲料

事務用品

回転ドア

■意外とすぐに出てこない言葉①

dandelion

fluorescent light

ground meat

gift certificate

real estate

impulse buying

タンポポ

蛍光灯

ひき肉

商品券

不動産

衝動買い

■意外とすぐに出てこない言葉②

soft spot

free
brochure

solar cell

sparrow

torrential
rain

speeding

無料パン
フレット

弱点

太陽電池

スズメ

スピード違反

土砂降りの
雨

■意外とすぐに出てこない言葉③

municipal
office

botanical
garden

**reclaimed
land**

**pedestrian
overpass**

**thermal
power
station**

rice paddy

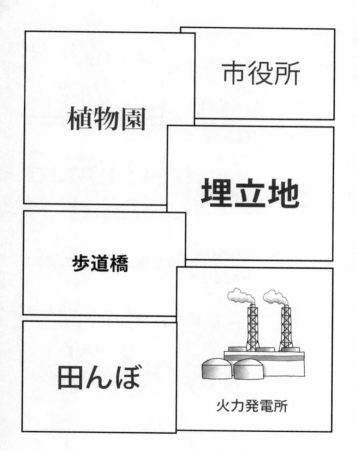

植物園

市役所

埋立地

歩道橋

田んぼ

火力発電所

■「経済」をめぐるキーワード

crude oil

government bond

trade deficit

semiconductor

trade friction

customs duties

原油

国債

貿易赤字

半導体

貿易摩擦

関税

fare adjustment

confidential document

general affairs section

performance review

stockholder

the seniority system

運賃清算

機密文書

総務課

勤務評定

株主

年功序列制度

■「地図」と「世界」をめぐるキーワード

the date line

the Mediterranean Sea

the equator

the Northern Hemisphere

customs declaration form

island hopping

日付変更線

地中海

赤道

北半球

税関申告書

島めぐり

■「人体」と「病気」をめぐるキーワード

intensive care unit

blood transfusion

decayed tooth

organ transplant

hypertension

heatstroke

集中治療室

輸血

虫歯

臓器移植

高血圧

熱射病

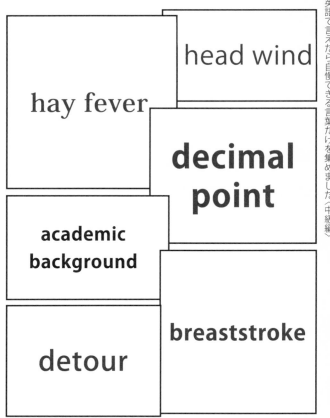

head wind

hay fever

decimal point

academic background

breaststroke

detour

向かい風

花粉症

小数点

学歴

回り道,
迂回路

平泳ぎ

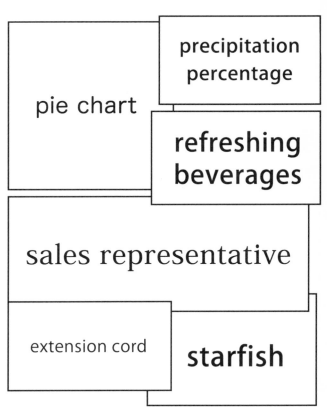

precipitation percentage

pie chart

refreshing beverages

sales representative

extension cord

starfish

降水確率

円グラフ

清涼飲料

営業マン

延長コード

ヒトデ

static electricity

hide-and-seek

get a raise

odd number

table of contents

toll road

静電気

かくれんぼ

昇給する

奇数

目次

有料道路

slip of the tongue

sigh of relief

jet lag

room for improvement

human wave tactics

opening address

安堵の
ため息

失言

時差ぼけ

改善の余地

人海戦術

開会の辞

5 章

ここが英語の
できる人と苦手な人の
分かれ道です

〈ハイレベル編〉

知っていますか？
——できる大人の英語常識①

□**toss and turn は，あることができない状態を表すのに使います。どんなことでしょう？**

【眠ること】☞ toss and turn は，ベッドで頻繁に寝がえりをうつこと。I tossed and turned (in my sleep) all night. と言えば，「一晩中眠れなかった」という意味になります。

⋯⋯⋯⋯⋯⋯⋯⋯⋯⋯⋯⋯⋯⋯⋯⋯⋯⋯⋯⋯⋯⋯⋯⋯⋯⋯⋯⋯⋯⋯⋯⋯⋯⋯

□**俗語で go number one とは，何をしに行くこと？**

【おしっこ】☞ go number two は「うんちをしに行く」。また幼児語で「おしっこ」は pee(-pee)，wee-wee，「うんち」は doo-doo，doody，jobbie などとも言います。道に落ちている「犬のうんち」は dog poop です。

⋯⋯⋯⋯⋯⋯⋯⋯⋯⋯⋯⋯⋯⋯⋯⋯⋯⋯⋯⋯⋯⋯⋯⋯⋯⋯⋯⋯⋯⋯⋯⋯⋯⋯

□**John asked her out. と言えば，ジョンは彼女に何を頼んだのでしょう？**

【自分とデートすること】☞ ask ～ out の文字通りの意味は「～を外出に誘う」ですが，「～をデートに誘う」という場合によく使います。また John went out with her. は

「ジョンは彼女とデートした（John had a date with her.）」の意味で使います。

☐ driving under the influence とは，どんな運転をすること？

【飲酒運転】 ☞ under the influence of alcohol（アルコールの影響を受けて）の of alcohol が省略された形。頭文字をとって，「飲酒運転」のことを DUI とも言います。

☐ freeway・expressway・highway のうち，原則として有料の道路はどれ？

【expressway】 ☞ expressway は有料の高速道路，freeway は無料の高速道路，highway は幹線道路（main road）を意味します。有料の高速道路は toll road，turnpike とも言います。toll は通行料・使用料の意味で，有料道路の料金所は toll gate です。

☐ 「やれやれ（安心した）」という意味を表す言葉は？
① Oops! ② Phew! ③ Shoot! ④ Itchy!

【②】 ☞ Phew! は「ヒュー」と読み，「ヒャー！」「やれやれ」などの意味。不快感や安堵感を表す言葉です。Oops!（ウープス）は「おっと！」「しまった！」。軽い失敗やへまをしたときに発する言葉。Shoot! は Shit! の婉曲語で，「し

315

まった！」「くそっ！」などの意味。Itchy! は「かゆい！」です。

─────────────────────────────────────

□星占いの星座で，Scorpio はさそり座。では Cancer は？

【かに座】☞ 星座の名前はラテン語がもとになっていますが，Scorpio ＜ scorpion（さそり），Leo ＜ lion（しし座），Virgo ＜ virgin（おとめ座）などは意味が類推できます。がんを cancer と言うのは，がん組織の形がカニに似ていることに由来します。

─────────────────────────────────────

□指切りをして約束することを pinky-swear と言います。pinky の意味は？

【小指】☞ 「指切りをする」は link little fingers（小指をつなぐ）とも言います。なお，人差し指は forefinger, index finger, 中指は middle finger, 薬指は（指輪をはめるので）ring finger とも言います。

─────────────────────────────────────

□chick : hen ＝（　）: frog の空所に入る語は？

【tadpole】☞ 子と親の関係です。chick はひよこ，hen はめんどり。frog（カエル）の子は tadpole（おたまじゃくし）。また，子犬は puppy，子猫は kitten・kitty，子羊は lamb，子ヤギは kid です。

2 知っていますか？
──できる大人の英語常識②

□試験を実施する人（試験官）は examiner。では，試験を受ける人（受験者）は？

【examinee】 ☞ -er は「〜する人」を表す語尾ですが，「〜される人」を表す語尾は -ee です。たとえば employer（雇用主）─ employee（従業員），trainer（教官）─ trainee（研修生），donor（寄贈者）─ donee（受贈者）など。

□**This curry is hotter than <u>my usual curry</u>.** の下線部の意味は？
①私がふだん作るカレー ②私がふだん食べるカレー

【①】 ☞ my curry は「私が作るカレー」と解釈するのが普通。同様に <u>My mother's cake</u> tasted good. の下線部は「母が作ったケーキ」であり，「母が店で買ってきたケーキ」の意味をこの形で表すことはできません。

□**She had an easy delivery.** と言えば，彼女は何をしたのでしょう？

317

【出産】☞ delivery には「配達」のほかに「分娩」の意味もあります。easy delivery は「安産」，difficult delivery は「難産」です。また labor にも「労働」のほか「出産」の意味があり，「陣痛」は labor pains と言います。

□会話で **Step on it!** と言えば「急げ！」の意味ですが，この **it** はもともと何を指した言葉でしょう？

【車のアクセル】☞ step on it は「車のアクセルを踏む」の意味から転じて「急ぐ」の意味になりました。車に乗っていて「速度を上げる」は speed up，「速度を落とす」は slow down と言いますが，これも仕事などのペースを上げ下げするのに使えます。pace up[down] とは言いません。

□**dirty room**（汚い部屋）の９文字を並べ替えて，そのような部屋のある場所を表す１語を作ってください。

【**dormitory**（寮）】☞ lemon（レモン）→ melon（メロン）のように，文字の配列を入れ替えて別の言葉を作る遊びをアナグラム（anagram）と言います。また，Step on no pets.（ペットを踏んではいけない）のように，左右どちらから読んでも同じ意味になる文を回文（palindrome）と言います。

□次の動詞には，１つを除いて共通の性質があります。仲間外れの語はどれでしょう。

318

educate（教育する）・pronounce（発音する）・explain（説明する）・prepare（準備する）・employ（雇う）・interpret（通訳する）・destroy（破壊する）・instruct（指示する）

【employ】☞ 共通の性質とは，名詞形の語尾が -tion であること。employ だけが違います。名詞形は，順に education（教育）・pronunciation（発音）・explanation（説明）・preparation（準備）・employment（雇用）・interpretation（通訳）・destruction（破壊）・instruction（指示）です。

☐ 正しい英訳を1つ選んでください。
①カンニング cunning ②キャンペーン campaign
③クレーム claim　④コンセント consent ⑤ノルマ norm
⑥トランプ trump

【②】☞ カンニング行為は cheating（cunning は「ずるがしこい」（形容詞））。クレーム（苦情）は complaint。コンセントは outlet（consent は「同意」）。ノルマは quota（norm は「規範」）。トランプ（をする）は (play) cards（trump は「切り札」）。

□**英語として一般的な表現を2つ選んでください。**
　① patrol car（パトカー）　② dump car（ダンプカー）
　③ rental car（レンタカー）　④ fire car（消防車）
　⑤ wrecker car（レッカー車）　⑥ emergency car（救急車）

【①③】 ☞ car は主に乗用車のことで，大型車には truck を使います。ダンプカーは dump truck。消防車は fire engine [truck]。レッカー車は wrecker, tow truck [car] など。救急車は ambulance が一般的な語です。レンタカーはアメリカ英語では rent-a-car，イギリス英語では hired car とも言います。

□**「留学生」の意味を表す，より適切な表現はどちら？**
　① foreign students　② students from abroad

【②】 ☞ foreign や foreigner は時に「よそ者」のような排他的な響きを持つので，foreign students よりも students from abroad [other countries]（外国 [他国] 出身の学生）や international [overseas] students（海外の学生）を使う方がベターです。

☐ **下線部の読み方を英語で答えてください。**
その祭りには 2,500 〜 3,000 人が来ると予想されている。
It is expected that <u>2,500 to 3,000</u> people will come to the festival.

【twenty-five to thirty hundred】☞ 個々の数字を独立して 読 め ば two thousand and five hundred to three thousand ですが，100 の単位で区切って「25 〜 30（個）の 100」と読む方が短くできます。

☐ **handle, shaft, rib, gore を持つものを英語で言うと？**

【umbrella】☞ handle は取っ手，shaft は軸，rib は骨，gore は生地。傘の部分を表します。なお，umbrella は日本語と同様に比ゆ的な意味でも使い，「核の傘」は a nuclear umbrella とも言います。

☐ **英米人が行う，両手の人差し指と中指を目の高さまで上げて 2 回動かす動作は，あるものを意味しています。それは何でしょう？**

【引用符】☞ この動作は air quotes と言い，引用符（quotation marks）を意味しています。これから言う言葉はどこかから引用したものだということを表し，冗談を言う場合などに使われます。

321

□park・train・book・fire・doctor に共通する性質は？

【名詞としても動詞としても使う】☞ 動詞として使う場合，名詞の一般的な意味とは全く違う意味になる点に注意。park（公園）は「駐車する」，train（電車）は「訓練する」，book（本）は「予約する」，fire（火）は「くびにする」，doctor（医者）は「（文書を）改ざんする」などの意味でも使います。

□それぞれの空所に，生き物を表す語を入れてください。
①早起きする人 an early ( ) ②大食する eat like a ( )
③そら涙，うそ泣き ( ) tears
④高利貸，サラ金 a loan ( )

【① bird，② horse，③ crocodile，④ shark】☞ ②少食は eat like a bird。そのほか，work like a beaver（猛烈に働く），a white elephant（無用の長物），a night owl（夜ふかしする人），crow's feet（目じりのしわ），monkey business（悪ふざけ）などの表現もあります。

□次のジョークが成り立つよう，空所に入る語を選んでください。
Why did the bacon laugh? --- Because the egg cracked a (glass / shell / yolk).
【yolk】☞ 「ベーコンはなぜ笑ったの?」「卵が黄身

（yolk）を割ったから」。ベーコンと卵は，ベーコンエッグに使われる相棒同士。「卵を割る」は crack an egg ですが，ここでは crack a joke（ジョークを飛ばす）との語呂合わせで crack a yolk と言ったものです。

---

4 英語で算数をやってみよう

☐ **空所に適語を入れてください。**
The area of a (　) equals the base times the height divided by two.

【**triangle**】☞ 「三角形の面積は，底辺×高さ÷2に等しい」という意味。「3倍」が three times であるように，base times は「底辺倍」という意味になります。

···

☐ **空所に適語を入れてください。**
円の面積はπr²［円周率×半径の2乗］である。
The area of a circle is pi times the radius (　).

【**squared**】☞ square は「平方」「正方形」「2乗する」の意味。「立方（体）」「3乗する」は cube で，「10立方セ

323

ンチ」は ten cubic centimeters と言います。また radius
は半径。直径は diameter です。

□ 空所に正しい数字を入れてください。
7.48 rounded to one decimal is (　).

【7.5】☞ 「小数第一位まで四捨五入した 7.48 は，7.5
である」という意味。decimal は小数。round は「（角を
取って）丸める→四捨五入する」で，「切り上げる［下げ
る］」は round up[down] と言います。

□ 空所に適切な数字を入れてください。
The third power of 2 is (　).

【8】☞ 「2 の 3 乗は 8 だ」の意味。「～乗」は「数字＋
power」で表します。逆に平方根は second [square] root，
3 乗根は third [cubic] root で，「16 の平方根は 4 だ」な
ら The second root of 16 is 4. と表現できます。

□ **10 is to 15 as 2 is to (　).** の空所に入る数字は？

【3】☞ 10：15 ＝ 2：3 ということ。直訳すると「2 が 3
に対するように，10 は 15 に対する」となります。ちなみ
に「比」は ratio で，「この職場の男女比は 1：2 だ」なら
The ratio of men to women in this office is 1 to 2. となり
ます。

5 何の "略" かわかりますか

□ 会社の名前を英語で表すとき，しばしば後ろに Co.,
Ltd. と書かれています。どんな意味でしょう？

【株式会社】☞ Co. Ltd. は，company limited（株式会
社）の略称です。Corporation（法人，株式会社）や Inc.
（= incorporated「法人組織の，有限責任の」）もよく使
われます。

・・・

□ 空所に適語を入れてください。
　① PTSD = posttraumatic ( )( )
　② LGBT = lesbian, gay, ( ), ( )

【① stress disorder, ② bisexual, transgender】☞
PTSD は心的外傷後ストレス障害。LGBT はレズビアン，
ゲイ，バイセクシャル，トランスジェンダーの頭文字を取っ
たものです。

・・・

□ 道路標識で，「50 MPH」とはどういう意味？

【制限時速 50 マイル】☞ MPH は mile per hour の頭文

325

字をとったもの。1マイルは約 1.6 キロメートルなので，時速 50 マイルは 80 キロに相当します。メジャーリーグの速球投手の球速の目安は，時速 100 マイル（= 160 キロ）です。

☐ アメリカの州の略称で，NY はニューヨーク州（Now York），CA はカリフォルニア州（California）。では，TX・HI・AK は，それぞれ何州でしょう？

【テキサス州・ハワイ州・アラスカ州】☞ 順に Texas, Hawaii, Alaska のつづりの一部を使ったもの。そのほか，AZ は ア リ ゾ ナ 州（Arizona），LA は ル イ ジ ア ナ 州（Louisiana），CO はコロラド州（Colorado）です。

☐ Beth や Betty は Elizabeth の愛称です。では，Bob・Dick・Becky は，それぞれどんな名前の愛称でしょう？

【Robert・Richard・Rebecca】☞ そ の ほ か，Kate は Catherine, Bill は William, Ron は Ronald, Ted・Ned は Edward, Chris は Christopher（男性）・Christina（女性）の愛称です。

6 英語の発音・イントネーションの大疑問

☐ **cigar, olive, canal, cashier のうち, 最初を強く読む語を1つ選んでください。**

【olive】 ☞ 順に cigár (葉巻), ólive (オリーブ), canál (運河), cashíer (レジ係)。一般に英語の名詞は最初を強く読みますが, ラテン系の言語からの借用語などは後ろを強く読みます。hotél (ホテル) や guitár (ギター) も同様です。

⋯⋯⋯⋯⋯⋯⋯⋯⋯⋯⋯⋯⋯⋯⋯⋯⋯⋯⋯⋯⋯⋯⋯⋯⋯⋯⋯⋯⋯⋯⋯⋯⋯⋯⋯⋯⋯

☐ **発音しない s を含む語を1つ挙げてください。**

【island】 ☞ island (島) の s は発音せず,「アイランド」と読みます。そのほか, aisle (通路), hasten (急ぐ) などの s も発音しません。

⋯⋯⋯⋯⋯⋯⋯⋯⋯⋯⋯⋯⋯⋯⋯⋯⋯⋯⋯⋯⋯⋯⋯⋯⋯⋯⋯⋯⋯⋯⋯⋯⋯⋯⋯⋯⋯

☐ **「このスープはおいしい」と言いたいとき, より自然な読み方はどちらでしょう。**
① This soup is delícious. ② This sóup is delícious.

【②】 ☞ 一般に, 機能語 (冠詞・前置詞など) は弱く,

327

内容語（名詞・動詞など）は強く読みます。this は機能語なので，soup を強く読むのが原則。①のように this を強く読むと，「（ほかのスープではなく）このスープがおいしい」という意味になります。

□次の2つの文中で，最も強く読む語はどれでしょう？
① This is a pen. ② This is the pen.

【① pen, ② This】☞ 相手に初めて伝える情報を新情報，相手が既に知っている情報を旧情報と言います。一般に a/an は新情報，the は旧情報のしるしです。①は「これは（何かと言えば）ペンです」の意味。新情報は pen で，それを強く読みます。一方，②の the pen は旧情報で，「（あなたも知っている）そのペン」の意味。新情報は This で，「これがそのペンです」という内容を伝えようとしています。したがって This を強く読みます。

□record・increase・protest・object・digest に共通する性質は？

【名詞のときは前を，動詞のときは後ろを強く読む】☞ 順に，récord（記録）－ recórd（記録する），íncrease（増加）－ incréase（増加する），prótest（抗議）－ protést（抗議する），óbject（物体）－ objéct（反対する），dígest（要約）－ digést（消化する）のように読みます。

7　どう思う？　どうしたい？

□ ( )内から正しいものを選んでください。
　隣人が大きな音楽を流すのがいやだ。
**I don't like my neighbor (plays / playing / to play) loud
music.**

【playing】☞ like の後ろに（that で始まる）節は置けな
いので plays は誤り。また，一般に不定詞は（未来の）具
体的な行為を，動名詞は一般的なことがらや事実を表しま
す。この文の「隣人が大きな音楽を流すこと」は一般的事
実なので，〈like ＋意味上の主語（my neighbor）＋動名詞
（playing）〉の形を使うのが適切。一方，「隣人に大きな音
楽を止めてほしい」は具体的な行為なので，I would like
my neighbor to stop the loud music. と言います。

□ ( )内から正しい方を選んでください。
　一人旅は楽しい。　(Travel / Traveling) alone is (fun / a fun).

【Traveling, fun】☞ travel は基本的に「旅行する」の
意味の動詞なので，travel alone（一人旅をする）を動名
詞にして主語の位置に置きます。fun（楽しみ）は数えら

れない名詞なので，a はつけません。

□（　）内からより適切な方を選んでください。
私はその大学にぜひ入りたい。
I definitely want to (enter / get into) the college.

【get into】☞ enter も間違いではありませんが，物理的に（建物の中に）入るような響きがあるので，「大学に入学する」は get into や be admitted to で表す方が普通です。同様に「彼は入院した」は，He entered the hospital. より He was hospitalized. がよく使われます。

□（　）内から正しい方を選んでください。
彼はおとなしい人だ。彼が怒るところは想像できない。
He is a mild person. I can't imagine him (getting / to get) angry.

【getting】☞ imagine（想像する）の後ろに置く形がポイント。〈imagine ＋ O ＋ to do〉という形はありません。〈imagine ＋ ～ ing（動名詞）〉は可能。この文では，getting の前の him が意味上の主語の働きをしています。

□（　）内から正しい方を選んでください。
彼のお母さんは 30 代に見える。
His mother (looks / looks like) she is in her thirties.

【looks like】☞ look の後ろには形容詞を置き，look young（若く見える）のように言います。look like（～のように見える）の後ろには名詞を置くのが原則ですが，文の形（she is …）を置くこともできます。like を as if に置き換えてもかまいません。

··

□( ) 内から正しい方を選んでください。
彼女はプロ歌手になることを夢見ている。
She dreams (of becoming / to become) a pro singer.

【of becoming】☞ dream を「夢見る」の意味の動詞として使うときは，後ろに（that で始まる）文の形や〈of ＋（動）名詞〉を置きます。名詞の場合は，her dream to become a pro singer（プロ歌手になるという彼女の夢）のように不定詞を置くこともできます。

8　行動を説明してみよう

□( ) 内から適切な方を選んでください。
私たちは劇場の近くの喫茶店に入った。
We (went / got) into a café near the theater.

【went】 ☞ get はもともと「手に入れる」の意味なので，「努力」のニュアンスを含みます。泥棒が家に侵入するのは get into a house ですが，単に建物の中に入る場合は go into や enter を使うのが適切です。

————————————————————————————————

□( )内から正しい方を選んでください。
私の今日の昼食は，牛丼だった。
(My today's lunch / My lunch today) was a beef bowl.

【My lunch today】 ☞ a，the，this，所有格などは「冠詞（に相当する語）」であり，2つ並べては使えません（たとえば this my pen は不可）。my と today's はどちらも所有格だから，my today's lunch は誤り。my lunch today は，副詞の today が前の lunch を修飾する形です。同様に「明日の会議」は the meeting tomorrow と言えます。

————————————————————————————————

□( )内から正しい方を選んでください。
彼は計画を再検討すべきだと提案した。
He proposed that the plan (be / was) reconsidered.

【be】 ☞ 命令・要求・提案などを表す動詞（例：order，propose，suggest，demand，insist）に続く that 節中では，(should ＋) 動詞の原形を使います。この原形を，仮定法現在と言います。この文では should がないので，be を使うのが適切です。

□( ) 内から適切な方を選んでください。
　彼らは雑誌に広告を出した。
They put an advertisement (in / on) the magazine.

【in】☞ 前問にあるとおり，on は「表面に接触している」というニュアンスなので，on the magazine だと雑誌の表紙に広告を載せたように聞こえます。

□( ) 内から，会話でよく使う方を選んでください。
　庭仕事をしていて指にけがをした。
I (hurt / injured) my finger while taking care of the garden.

【hurt】☞ hurt の方が口語的。injure は「負傷する」という響きの，ややフォーマルな語です。ナイフや銃などの武器で負傷する場合は wound を使います。これらの語は，しばしば get hurt [injured, wounded] の形で「けがをする，負傷する」の意味を表します。

9 困ったことになりました

□ **( )内から適切な方を選んでください。**
スマホが故障した。 My smartphone (broke / broke down).

【broke】 ☞ break down は，大きな機械などの故障に使います。スマホのような小型の装置の故障は，break や get broken で表します。

□ **( )内から正しい方を選んでください。**
午後は雨かもしれない。
It (can / could) rain in the afternoon.

【could】 ☞ can は「～でありうる」という一般的な可能性を表します。could は一般的な可能性と個別の可能性の両方に使えます。たとえば「原発事故は起こりうる」は Nuclear accidents can [could] happen. のどちらも可能ですが，「この事業は失敗することもありうる」のような具体的な推測は This project could fail. と言い，can は使えません。

□ **正しい英訳はどちら？**
私はバスに酔いやすい。

① I'm easy to get sick on the bus.
② I get sick easily on the bus.

【②】 ☞ 「私は簡単にバスに酔う」と表現した②が正しい文。It's easy for me to get sick on the bus. とも言えます。また，It's easy to answer the question. → The question is easy to answer. (その質問は答えやすい) のような言い換えは可能ですが，①は誤りです。

────────────────────────────

□( )内から適切な方を選んでください。
最近この川は汚染がますます進んでいる。
This river (is becoming / has become) more and more polluted recently.

【has become】 ☞ recently (最近) がなければ，どちらを使ってもかまいません。しかし recently は現在完了形 (または過去形) とともに使うのが普通で，進行形は不自然です。なお，these days (近ごろ) は現在形とともに使います。

────────────────────────────

□( )内からより適切な方を選んでください。
健康診断の結果が心配だ。
I'm worried about (① the result of my checkup / ② my result of the checkup).

【①】 ☞ 「健康診断の結果が心配だ」という状況では，

結果はまだ出ていません。my result は「自分が（既に）持っている結果」という意味だから，②は不適切。my checkup result なら，「私が受けた健康診断 (my checkup) の結果 (result)」という意味になるので OK です。

··

□**適切な英訳はどちら？**
彼は私に何度もうそをついた。
① He lied to me many times.
② He told me a lie many times.

【①】☞ ②は「1つの（同じ）うそを何度もついた」と解釈されます。毎回違ううそをついたなら has told me lies many times，has told me many lies とも言えますが，tell a lie は子どもっぽい言い方。動詞の lie を使うのがベターです。

··

□**( ) 内から正しいものを選んでください。**
最近彼女にふられた。 I was (shaken / dumped / thrown away) by my girlfriend recently.

【dumped】☞ dump は「（ごみなどを）投棄する」という意味ですが，「（チームなどにいらなくなった人を）お払い箱にする」「（恋人を）捨てる」などの意味でも使います。人と人との相性を chemistry（化学反応）と言うことも覚えておきましょう。

··

□( )内から正しい方を選んでください。
彼は私に，自分が正しいと言って譲らなかった。
He insisted to me that he (was / be) right.

【was】☞ insist に続く that 節中で使う動詞の形は，「要求する」の意味のときは仮定法現在ですが，「主張する，言い張る」の意味のときは直説法です。また suggest の場合は，「提案する」なら仮定法現在，「示唆する」なら直説法です。意味に応じて使い分けが必要なので，注意してください。

10 その場で的確なひと言が言えますか？

□( )内からより適切な方を選んでください。
大変遅れてすみません。 I'm sorry I'm (so / very) late.

【so】☞ 現に遅れたことをわびる状況では，相手も知っていることを伝える so（こんなに）が適切。very は相手の知らないことを伝えるのに使い，「すみませんがとても遅れそうです」なら I'm sorry I'll be very late. と言えます。

☐( )内からより適切な方を選んでください。
すぐ出発しましょう。 Let's start (at once / right away).

【**right away**】☞ 「今すぐに」の意味を表したいとき，会話なら right away [now] が自然。at once は堅い表現で，出発することを相手に強制しているようなニュアンスにもなります。

☐友人と一緒に勉強していて「コーヒーでも飲みたいな」と言いたいとき，より適切なのはどちら？
① I want to have coffee. ② I want to have some coffee.

【②】☞ 単に coffee と言うと，「他の飲み物ではなくコーヒー」という響きになります。したがって喫茶店のメニューから選んでコーヒーを注文したいときは，I'd like to have coffee. と言います。そういう状況でない限り，some coffee を使うのが普通です。

☐( )内から正しい方を選んでください。
減量しなくちゃ。 I need to lose (weight / my weight).

【**weight**】☞ lose my weight だと「体重を全部失う」ように響きます。lose some weight，lose 2 kilograms などは問題ありません。同様に donate blood（献血する）を donate my blood と言うと，全身の血を抜くような響きになります。

□**適切な英訳はどちら？**
喜んでご一緒します。
① I'm willing to join you. ② I'd be happy to join you.

【②】☞ be willing to do は「〜してもかまわない」とい
う意味であり，積極的に何かをしたい場合は別の表現を
使うのがベターです。②の I'd は I would の短縮形で，
「（ご無理かもしれませんが）もしご一緒できるなら」とい
う仮定の意味を含む控えめな言い方（仮定法過去）です。

□**( ) 内から正しい方を選んでください。**
価格は税込みで 2,200 円です。
The price is 2,200 yen, tax (including / included).

【included】☞ 「税込みで」は including tax とも言い，
その場合の including は「〜を含めて」の意味の前置詞で
す。この文では tax included で「税が含まれている状態
で」の意味を表します。文法的に言えば，tax being
included の意味の独立分詞構文です。

□**( ) 内から正しい方を選んでください。**
ご出産の予定はいつですか。
When (will you / are you going to) have the baby?

【are you going to】☞ この文で will を使うと「いつ赤

ちゃんを産むつもりですか」という響きになり不自然です（出産の時期は自分ではコントロールできません）。be going to do は「〜する方へ向かっている」という意味で，客観的な予定を表すのに適しています。

□**( ) 内から正しい方を選んでください。**
何かアイデアはある？ Do you have any (idea / ideas)?

【ideas】☞ アイデアは1つとは限らないので，複数形で尋ねます。同様に「兄弟姉妹はいますか」は Do you have (any) brothers or sisters? と言います。なお，Do you have any idea? は「わかりますか?」の意味です (I have no idea. は「わかりません」)。

□**( ) 内からより適切な方を選んでください。**
景品が3つまで無料でもらえます。
You can take (at most / up to) three gifts for free.

【up to】☞ at most（多くとも，せいぜい）は「その数字を越えない」という否定的な含みを持つので，この文では up to（最高で〜まで）が適切です。

□**より適切な英文はどちら？**
私が御社で働きたい理由は3つあります。
① **There are three reasons why I want to work for your company.**

② **I want to work for your company for three reasons.**

【②】 ☞ it（形式主語）や there is ～（～がある）など
で文を始めると，客観的な響きの文になります。この日本
語の内容を①のように表現すると，他人事のように響きか
ねません。自分自身の気持ちを語りたいなら，I で文を始
める方が相手に強くアピールできます。

··

□ **（ ）内から，会話でよく使う方を選んでください。**
今度の週末にキャンプに行こうと思っているんだ。
We (plan / are planning) to go camping this weekend.

【are planning】 ☞ 現在進行形の方が口語的です。We
plan to ～は「～する予定がある」という事実を語るニュ
アンス。We are planning to ～だと「～する計画が進行中
だ」という臨場感が感じられます。同様に「お会いできる
のを楽しみにしています」は I'm looking forward to
seeing you. と進行形で表現するのが普通で，I look … は
（書き言葉では使いますが）堅く響きます。

□ ( ) 内から正しい方を選んでください。
レセプションに来なかった招待客もいた。
Some of the (people invited / invited people) didn't come
to the reception.

【people invited】 ☞ 1語の分詞や形容詞は名詞の前に
置くのが基本ルールですが，一時的な状態を表す分詞は
1語でも名詞の後ろに置きます。some of the people (who
were) invited と考えてもかまいません。

□ ( ) 内から正しい方を選んでください。
彼女は満点を取った唯一の生徒だった。
She was the only student who got (a / the) perfect score.

【a】 ☞ 「満点」をたとえば100点という数字でとらえれ
ば1つしかありませんが，満点の答案は複数ありえます。
その1つを取ったのだから，a を使うのが適切です。get a
good score（よい得点を取る）の good を perfect に置き
換えて考えてもよいでしょう。

□**( ) 内からより自然な方を選んでください。**
私は卵を割るのが苦手です。
I'm not good at cracking (an egg / eggs).

【eggs】☞ eggs を複数形にして一般的行為の意味にする方が自然です。1回に割る卵は1つですが，複数の卵を順番に割ることもよくあります。また「（1つの）卵を割るのが何度やってもうまくいかない」と考えてもよいでしょう。I like reading books. などと同じ理屈です。

□**( ) 内からより自然な方を選んでください。**
私は本を読みながらよく居眠りします。
I often fall asleep while reading (a book / books).

【a book】☞ 一度に読む本は1冊だから，単数形を使う方が自然です。books だと一度に複数の本を読むように響きます。ただし「読書中に」という一般的事実を伝えたいときは books を使ってもかまいません。

□**( ) 内から正しい方を選んでください。**
姉の娘はこの赤ちゃんと同じくらいの年ごろです。
My sister's daughter is as (old / young) as this baby.

【old】A is as old as B. は「A は B と同じくらいの年齢だ」の意味であり，A・B の両方が若くても使えます。どちらも若いからといって，この形の old を young で置き換えるこ

343

とはできません。

□( )内から適切な方を選んでください。
この農場ではさまざまな種類の野菜を作っている。
They grow various kinds of vegetables (in / on) this farm.

【on】☞ 「on ＋平面」「in ＋立体」と考えればよいでしょう。農場で働く人々は「表面に接触している」というイメージなので，on を使うのが適切です。同様に「その島の動植物」は plants and animals on the island です。in を使うと「島（の地面）の中の動植物」のような立体的なイメージになるので不自然です。

□( )内から正しい語を選んでください。
これはよくあるスペルミスだ。
This is a (common / normal / popular) spelling mistake.

【common】☞ 「よくある，一般的な」は common で表します。popular は「人気がある」，normal は「正常な」。また「普通の」は ordinary，「平均的な」は average。「（セレブではない）庶民」は ordinary [average] people と言います。

□( )内から適切な方を選んでください。
コックになるには，調理師免許を取らねばならない。
To become a cook, (we / you) have to get a cooking

license.

【you】☞ we だと「コックを志望する私たち」と解釈されます。you は「コックを志望する君たち」のほかに，一般の人（people）の意味でも使えます。フォーマルな表現では one も一般の人を表します。

---

12 これを英語で言えたらいいな②

☐ **より自然な英文はどちら？**
私たちがキャンプに行かなかったのは，雨が降ったせいです。
① We didn't go camping because of rain.
② We didn't go camping because of the rain.

【①】☞ 厳密に言うと，雨が降ったことを相手が知らないと思っている状況では①を，「君も知っている例の雨のせいで」と言いたいときは②を使います（the はどの雨かを特定する働きをします）。単に「雨のせいだ」と言いたいときは，①を使う方が普通です。

....

☐ **( )内から正しい方を選んでください。**

私はカメラを置き忘れた場所へ戻った。
I went back (where / to where) I left my camera.

【to where】 ☞ where は先行詞（the place）が省略された関係副詞で，where = the place where です。where I left my camera（カメラを置き忘れた場所）は全体として名詞なので，go back to 〜（〜へ戻る）の to が必要です。

□( )内から正しい方を選んでください。
本はもとあった場所に戻しておきなさい。
Put the book back (where / to where) it was.

【where】 ☞ この文の where は「〜するところで［へ］」の意味の接続詞です。したがって to はつけません。また，Put the book back to the shelf. とは言わないので（正しくは on the shelf），to where は誤り。なお，Where there is a will, there is a way.（意志のあるところに道がある，精神一到何事か成らざらん）の where も接続詞です。

□( )内から正しい方を選んでください。
まだそのホテルの予約をしていません。
I haven't (booked / reserved) the hotel yet.

【booked】 ☞ book a hotel（ホテルを予約する）は可能ですが，reserve を使う場合は reserve a room at a hotel（ホテルに部屋を予約する）と表現するのが普通です。同

様にレストランの予約を取る場合も，reserve a restaurant
ではなく reserve a table at a restaurant と言います。

13 その「状況」をひと言で言うと？

☐ **空所に適語を入れてください。**
When is your baby (　)?　ご出産の予定日はいつですか。

【due】☞ due は多義語で，「（電車などが）到着する予
定だ」「締め切り（満期）になっている」などのほか「出産
の予定だ」という意味もあります。due date は締切日，
満期日，出産予定日などの意味で使います。

. . . .

☐ **空所に適切な前置詞を入れてください。**
今夜は職場の連中と飲みに行くんだ。
**I'm going for a drink with some friends (　) work this
evening.**

【from】☞ friends from work は「職場の友人たち」。こ
の from は出所・起源を表し，たとえば「X 社の営業マン」
は a sales rep [representative] from X Company と言い

ます。

☐ **空所に適語を入れてください。**
デザートは別腹よ。 I still have ( ) for dessert.

【room】☞ 「私はデザートのための余地をまだ持っている」の意味。room には「部屋」のほかに「余地」の意味もあり、その場合は不可算名詞です。「改善の余地」は room for improvement,「疑いの余地」は room for doubt と言います。

☐ **( ) 内に s で始まる適語を入れてください。**
私は空気が読めないと友だちによく言われます。
My friends often say that I can't read the (s).

【situation】☞ 「空気を読む」は、read the situation (状況を読む)、あるいは read the atmosphere (雰囲気を読む) と表現できます。この read は「読み取る、理解する」の意味です。

☐ **空所に適語を入れてください。**
I got a shot at the ( ) yesterday. It worked and I'm fine now.

【hospital】☞ 「きのう病院で注射を打ってもらった。それが効いて今は元気だ」の意味。shot は injection (注射) のくだけた表現です。

☐ **空所に適切な前置詞を入れてください。**
この問いの答えがわからない。
I don't know the answer (　) this question.

【to】☞ of は誤り。「〜の答え」は an answer to 〜と言います。このように,「〜の= of」とは限らないので注意しましょう。たとえば「成功の鍵[秘訣]」は,a key to success と言います。

☐ **空所に適切な前置詞を入れてください。**
これは米津玄師の曲ですか。
Is this a song (　) Kenshi Yonezu?

【by】☞ of は誤り。A of B の基本的な意味は「B が所有する A,B に所属する A」で,B が人間以外のときに使うのが原則です。Is this Kenshi Yonezu's song? とは言えます。空所に1語を入れるなら,「〜によって作られた」の意味を表す by が適切です。

☐ **空所に適語を入れてください。**
彼女には当分会っていない。顔を見てわかるだろうか。
I haven't seen her for a long time. I wonder if I can (　) her.

【recognize】☞ recognize は「本人だとわかる[識別する]」の意味。「わかる」という日本語に対応する英語の

動詞はさまざまです。たとえば「わかりました［理解しました］」は I see., 「違いがわからない」は I can't tell the difference.,「君の気持はわかるよ」は I know [understand] how you feel. などと言います。

□空所に適語を入れてください。
背中がかゆい。 My back ( ).

【itches】☞ itch は「かゆい」の意味の動詞。形容詞は itchy で，My eyes get itchy at this time of year. (1年のこの時期になると目がかゆくなる) のように使います。また「腰が痛い」は My (lower) back aches. と言います。

□空所に適語を入れてください。
蚊に刺された。 I was ( ) by a mosquito.

【bitten】☞ bitten は bite (かむ，刺す) の過去分詞。蚊に刺されたあとは a mosquito bite と言います。なお「蜂に刺された」は I was stung by a bee. です (stung は sting の過去分詞)。

□空所に適語を入れてください。
食事代は経費で落とせます。
The company will ( ) the meal charges.

【cover】☞ この cover は「(費用を) 負担する」の意味。

The meal is covered under company expenses. などとも表現できます。また、「（本やメディアなどが）扱う，報道する」「（保険が）補償する」の意味もあり，名詞の coverage は「報道，補償範囲」の意味で使います。

☐ **空所に適語を入れてください。**
その本は今月の末ごろ発売されます。
The book is coming out (　) the end of this month.

【toward】☞ toward（イギリス英語では towards）は「～の近く［直前］に，～ごろ」の意味の前置詞。about（およそ）は副詞なので，about を使うなら at about the end of this month と言う必要があります。

14　1秒英作文トレーニング①

☐ **正しい英文に直してください。**
忘れないように番号をメモしておきなさい。
Write down the number not to forget it.

【**Write down the number so that you won't forget it.**】

☞ 「～しないように」の意味を not to do で表すことは（原則として）できません。〈so that ～ will not …〉の形を使うのが適切です。ただし be careful や take care の後ろでは，Be careful not to catch a cold.（かぜをひかないように注意しなさい）のように言うことができます。

．．．

□ **正しい英文に直してください。**
いとこの結婚式のスピーチを頼まれました。
I was asked a speech of my cousin's wedding ceremony.

【**I was asked for [to make] a speech for my cousin's wedding reception.**】☞ 能動態で表現すると，They asked me for a speech ～または They asked me to make a speech ～。これを受動態にした形を使います。もとの文は誤り。前置詞は「いとこの結婚式のために」と考えて for を使うのが適切。また wedding ceremony は結婚の儀式であり，結婚披露宴は wedding reception です。

．．．

□ **英文の誤りを訂正してください。**
日本の大学生はたいてい，英語以外に外国語を少なくとも1つ学びます。
Japanese college students usually study at least one foreign language except English.

【**except → besides**】☞ except English（英語を除いて）と表現すると，大学では英語は学べないように響きます。

実際は英語に加えて他の外国語を学ぶのだから，besides
（〜に加えて）を使うのが適切です。

☐ **英文の誤りを訂正してください。**
彼女が結婚したのをきのうまで知らなかった。
I didn't know her marriage until yesterday.

【know → know about】 ☞ I know her [her name]. な
どとは言えますが，この文では「彼女の結婚のことを知る」
という意味なので，about（または of）が必要です。

☐ **英文の誤りを訂正してください。**
以前，大通り沿いに小さな劇場がありました。
There used to be a small theater along the main street.

【along → on】 ☞ along は長いものに沿って視線が移
動するというニュアンスを持ちます。したがってwalk
along the street（通りに沿って歩く），There are a lot of
souvenir shops along the street.（通り沿いに多くの土産
物店がある）とは言えます。一方，1つの建物などが「通
り沿いにある」場合には，接触を表す on を使います。

☐ **正しい英文に直してください。**
私たちは学校から2キロ以内に住んでいます。
Most students live within two kilometers from school.

【**We live within two kilometers of our school.**】 ☞
〈within 〜 of X〉で「X から〜の範囲内にある」という意味を表します。この形では from は使いません。また，この文の school は学校の建物を意味する可算名詞なので，無冠詞単数形では使えません。

- -

☐ 英文の誤りを訂正してください。
正門のそばに黒い車が止まっていた。
There was a black car stopping by the front gate.

【**stopping → parked**】 ☞ stopping だと「黒い車が止まりつつあった」の意味になります。また stopped は「停止させられた」の意味だから不自然。parked（駐車されていた）を使うのが自然です。

- -

☐ 英文の誤りを訂正してください。
あのレストランは最近客が減った。
That restaurant has decreased its customers recently.

【**decreased → lost**】 ☞ decrease（や reduce）を使うと，意図的に「減らした」ように響きます。この文では「客を失った」の意味で lose を使うのが適切です。

- -

☐ 英文の誤りを訂正してください。
私は空を見上げたが，星は1つも見えなかった。
I looked up the sky, but couldn't see any stars.

【looked up → looked up at】☞ look at（〜を見る）に副詞の up（上を）を加えた形。この at は省略できません。look up は自動詞なら「見上げる」，他動詞なら「（辞書や電話帳などで）調べる」という意味です。

・・・

☐ **英文の誤りを訂正してください。**
大雪のためバスは運行していない。
The bus is out of service for heavy snow.

【for → because of】☞ 「〜の理由で」という意味を表す一般的な表現は because of です。for は原則としてこの意味では使えません。ただし，blame him for his mistake（彼のミスを責める）のように特定の動詞と結びついた for が理由を表すことはあります。

15 1秒英作文トレーニング②

☐ **英文に1語を補って，正しい文にしてください。**
どの店でパソコンを買うか決められない。
I can't decide which shop I should buy a PC.

【文尾に from を補う】☞ I should buy a PC from X shop.（私は X の店でパソコンを買うべきだ）の X を尋ねる疑問文は，Which shop should I buy a PC from? となります。これを間接疑問にした形です。from は which の前に置くこともできます。「店で O を買う」は at も使いますが，buy O from a shop が一般的な表現です。

□ **英文の誤りを訂正してください。**
今週中に 3 本の報告書を書かねばならない。
I have to write three reports within this week.

【within → by the end of】☞ within の後には，期間の長さを表す語句を置きます。たとえば within a week（1週間以内に）とは言いますが，この文では「今週末までに」と by を使って表現する必要があります。

□ **英文に 1 語を補って，適切な文にしてください。**
お母さんに頼んで新しいスマホを買ってもらうことができた。
I managed to get my mother to buy a new smartphone.

【buy → buy me】☞ もとの文だと，母親自身が使うためのスマホを買わせたように響きます。「（自分に）買ってもらった」のだから，〈buy ＋人＋物〉（（人）に（物）を買ってやる）の形を使うのが適切です。

□ **正しい英文に直してください。**
運転中はシートベルトを締めなさい。
Fasten your seat belt while driving.

【Keep your seat belt fastened while driving.】　☞
〈keep ＋ O ＋過去分詞〉で「O が〜されている状態に保
つ」の意味。元の文は「運転中にシートベルトを締めなさ
い」という意味になるので不自然です。

....

□ **英文の誤りを訂正してください。**
最初は彼のことが好きではなかったが，今では親友だ。
I didn't like him first, but we are close friends now.

【first → at first】　☞　「最初（のうち）は」は at first で
表します。first は「第一に」の意味で，First, … Second,
…のように情報を列挙するのに使います。また「初めて（for
the first time）」の意味もあり，I first met her here.（私
はここで初めて彼女に会った）のように言います。

....

□ **英文の誤りを訂正してください。**
そのイベントのスケジュールはまだ変更になっていません。
The schedule for the event isn't changed yet.

【isn't changed → hasn't (been) changed】　☞　「まだ
〜していない」は、現在完了形（has changed）を否定文
にして、yet と組み合わせて使うのが適切。「まだ変更され

ていない」と考えて，現在完了形と受動態を組み合わせた形（hasn't been changed）を使うこともできます。

□より適切な英文に直してください。
私の誕生日は 1995 年 8 月 10 日です。
My birthday is August 10 in 1995.

【My birthday is August 10, 1995.】 ☞ in は不要。August tenth, nineteen ninety-five と読みます。年月日はこの読み方が基本。リスニングなどの際に確認してください。

□より適切な文に直してください。
私は神奈川県鎌倉市に住んでいます。
I live in Kamakura City in Kanagawa Prefecture.

【I live in Kamakura, Kanagawa Prefecture.】 ☞ 「○○市」は，city をつけずに表すのが普通です（New York City などは例外）。また，もとの文は in が2つ並んでぎこちないので，2つめの in はコンマで置き換えるのが適切です。

□英文の誤りを訂正してください。
今度の日曜日にクリスマスパーティーを開くのはどう？
What do you say to having a Christmas Party next Sunday?

【Party → party】 ☞ Christmas は（1つしかない）固有

名詞なので大文字で始めますが，party は普通名詞なので小文字で始めます。なお，たとえば「愛知県」のように全体が1つの固有名詞と考えられるものは，Aichi prefecture でも Aichi Prefecture でもかまいません。

☐ **より適切な英文に直してください。**
もう3か月髪を切っていない。
I haven't cut my hair for three months.

【**I haven't had [gotten] a haircut for three months.**】
☞ 元の文だと，自分で髪を切ることになります。普通は床屋や美容院などで髪を切るので，have [get] a haircut や have [get] my hair cut（髪を切ってもらう）と表現するのがベターです。have と get はどちらも使えますが，get の方がくだけた表現です。

16 1秒英作文トレーニング③

☐ **できるだけシンプルに英訳してください。**
近ごろは日本に来る外国人観光客が増えている。

【More foreign tourists come to Japan these days.】
☞ 「X が増えている」の意味を表す形として学校ではしばしば The number of X is increasing. を習いますが，これを使うと主語の長いぎこちない文になりがちです。「（数が）増えている」は more X，「減っている」は fewer X を主語にすればシンプルに表現できます。たとえば「今日では本を読む大学生が減っている」は，Fewer college students read books today. と英訳できます。

・・

□英文の誤りを訂正してください。
電車はとても混んでいたので，私は立ちっぱなしだった。
The train was so crowded that I kept standing all the way.

【kept standing → stood】 ☞ 〈keep ＋〜 ing〉は，「〜の動作を繰り返す」という意味なので不自然。単に stood（立っていた）とするか，had to stand（立たねばならなかった）と表現します。

・・

□英文の誤りを訂正してください。
このセーターは彼女がくれたものです。
This sweater is a present of my girlfriend.

【This sweater was a present from my girlfriend.】 ☞
「彼女からのプレゼント」と考えて，of ではなく from を使います。また，もらったのは過去のことなので，is ではなく was を使うのが適切です。

□ **シンプルな英訳を完成してください。**
　彼女はゲームソフトを作る会社で働いている。
　She works (　　　).

【for a game software company】☞ 「会社に勤める」
は work for a company が一般的な表現。日本語を直訳
すると a company that makes game software ですが，a
game software company のように名詞を並べる方がシン
プルです。

- -

□ **できるだけシンプルに英訳してください。**
　私たちが乗る予定だった電車は 20 分遅れた。

【Our train was 20 minutes late.】☞ 「私たちが乗る予
定だった電車」を直訳すれば the train (that) we were
going to take ですが，our train で通じます。「20 分遅れ
た」は，was late for 20 minutes ではありません。数字
を形容詞の前に置くのがポイント。I'm 20 years old.（私
は 20 歳です）などと同様です。

- -

□ **より適切な英文に直してください。**
　「傘を持っていないんだ」「これを使っていいよ」
　"I don't have an umbrella with me now." "You can use this."

【this → this one】☞ this だけだと，傘を指すとは限り

ません。this umbrella の意味で this one を使う方が自然
です。

━━━━━━━━━━━━━━━━━━━━━━━━━━━━

□ **英文の誤りを訂正してください。**
健康のために週に2回ジムに通っています。
I go to the gym twice in a week for my health.

【**in を削除する**】☞ twice a week で「1週間につき2回」
の意味。in a week は「今から1週間後に」または「1週
間かかって」の意味で使います。

━━━━━━━━━━━━━━━━━━━━━━━━━━━━

□ **英文の誤りを訂正してください。**
z で終わる英単語を思いつきますか。
Do you think of an English word ending with "z"?

【**Do → Can**】☞ 「思いつくことができますか」と表現す
るのが適切。think of 〜（〜を思いつく）の think は動
作動詞です。したがって do を使って現在形で表現すると，
「習慣的に思いつきますか」という不自然な意味になります。

━━━━━━━━━━━━━━━━━━━━━━━━━━━━

□ **英文の誤りを訂正してください。**
二度と遅刻しないと約束します。
I'll promise never to be late again.

【**I'll → I**】☞ I'll promise だと「（これから）約束しよう」
で，まだ約束していないことになります。しかし約束は発

言の時点で済んでいます。この種の動詞（promise，agree，apologize，thank など）は，現在形で「今〜します」という意味を表します。

□**英文の誤りを訂正してください。**
電車の中で妊婦さんを見つけたので，席を譲った。
I found a pregnant woman on the train and offered her my seat.

【found → saw】☞ found（発見する）を使うと，「驚いたことに電車に妊婦がいた」のような響きになります。saw で「見かけた」の意味を表すのがベターです。

6 章

一目置かれる英語力に必要な
言葉だけを集めました

〈ハイレベル編〉

■間違いなく一目置かれる英単語①

サボテン

焼け石に水
a drop in the ( )

しもやけ

ダチョウ

つま先で立つ
stand on ( )

使用説明書

cactus

a drop in the ocean [bucket]

frostbite

ostrich

stand on tiptoe

instructions

■間違いなく一目置かれる英単語②

タヌキ

緯度

錬金術師

炭水化物

化石

すきま風

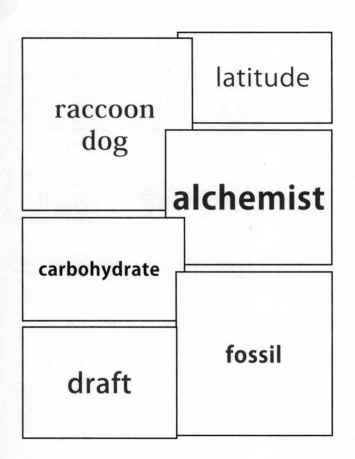

raccoon
dog

latitude

alchemist

carbohydrate

draft

fossil

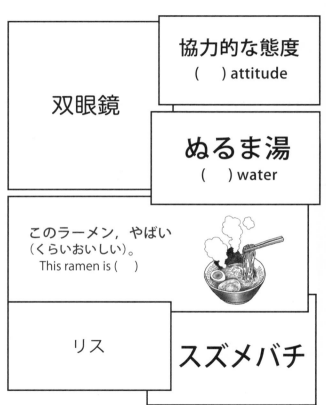

双眼鏡

協力的な態度
( ) attitude

ぬるま湯
( ) water

このラーメン，やばい
（くらいおいしい）。
This ramen is ( )

リス

スズメバチ

cooperative attitude

binoculars

lukewarm water

This ramen is awesome.

squirrel

wasp

■知ってるだけで自慢できちゃう①

小惑星

朝飯前だ。

It's a piece of (　　)

星占い

シャープペン

活断層

ナマズ

asteroid

It's a piece
of cake.

astrology

mechanical
pencil

active fault

catfish

■知ってるだけで自慢できちゃう②

内閣

トイレの水を流す
(　　) the toilet

カツオ

現金自動支払機
automatic (　) machine

爪切り

にきび

cabinet

flush the toilet

bonito

automatic teller machine

nail clippers

pimples

■知ってるだけで自慢できちゃう③

（花の）ラン

セミ

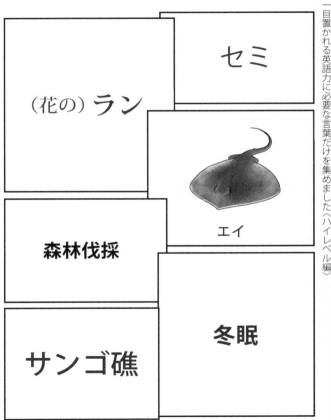

エイ

森林伐採

冬眠

サンゴ礁

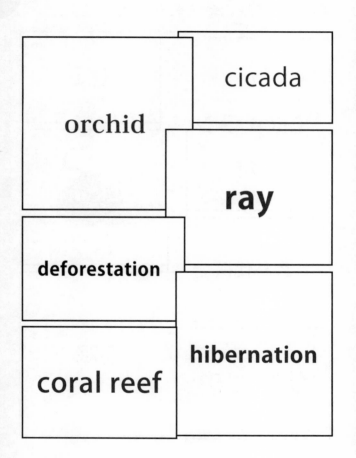

orchid

cicada

ray

deforestation

coral reef

hibernation

■めちゃハイレベルな言葉①

内輪もめ
a ( ) in a teacup

匿名の手紙
( ) letter

なんてずうずうしい！
( )( ) nerve!

家庭のしつけ
home ( )

ノルマを達成する
fulfill one's ( )

てこの作用

a storm in a teacup

anonymous letter

What a nerve!

home discipline

fulfill one's quota

leverage

潮の干満
(　　) and (　　)

化学肥料

瓦礫
（がれき）

関数

分数

住民を避難させる
(　　) the residents

ebb and flow

chemical fertilizer

debris

function

fraction

evacuate the residents

■やばいほどハイレベルな言葉①

産業廃棄物

伝染病
( ) disease

薬剤師

鍾乳洞

相続人

腎臓

industrial waste

infectious disease

pharmacist

limestone cave

heir

kidney

人口密度

不動産
業者

切り株

象の鼻
the (　) of an
elephant

自爆テロ
(　) attack

月の満ち欠け
(　) and (　)

realtor

population density

stub

the trunk of an elephant

wax and wane

suicide attack

■身近なのに意外とハイレベル

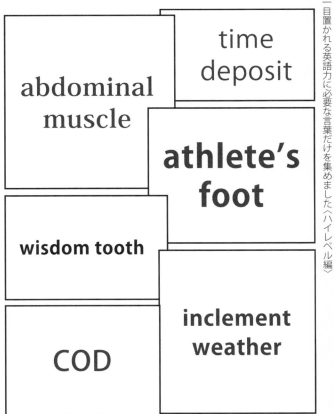

abdominal
muscle

time
deposit

**athlete's
foot**

wisdom tooth

**inclement
weather**

COD

定期預金

水虫

腹筋

親知らず

悪天候

着払い

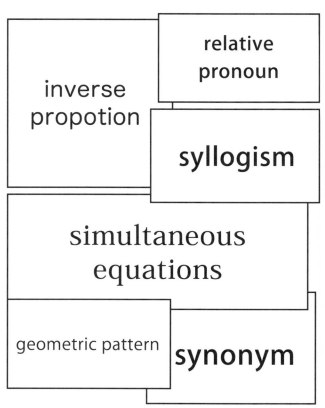

relative
pronoun

inverse
propotion

syllogism

simultaneous
equations

geometric pattern

synonym

関係代名詞

反比例

三段論法

連立方程式

幾何学模様

同意語

shade of anxiety

the eighth-grade syndrome

tongue twister

round-robin

saturation

status quo

一抹の不安

中2病

早口言葉

総当たり戦

飽和

現状

pixie

reincarnation

velocity

natural selection

polka dots

mercy killing

妖精

転生

速度

自然淘汰

水玉模様

安楽死

■「ビジネス」に関するかなり手強い言葉

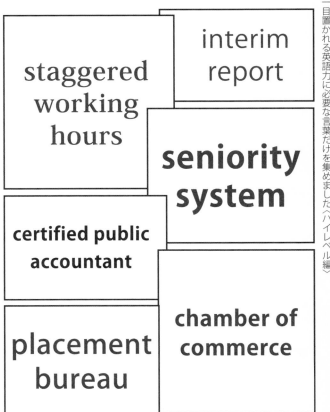

staggered working hours

interim report

seniority system

certified public accountant

chamber of commerce

placement bureau

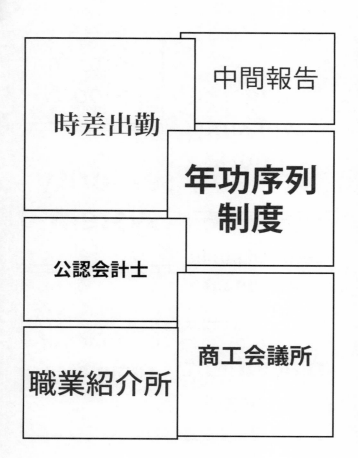

中間報告

時差出勤

年功序列
制度

公認会計士

商工会議所

職業紹介所

■ "ギョッ" とする英単語

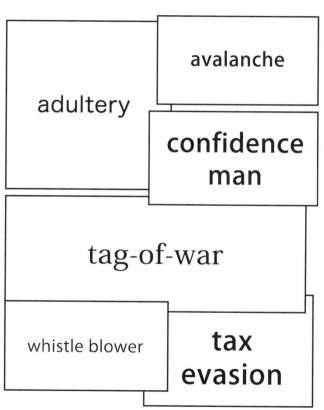

avalanche

adultery

confidence man

tag-of-war

whistle blower

tax evasion

なだれ

不倫

詐欺師

綱引き

内部告発者

脱税

calligraphy

cat's cradle

jack-in-the-box

hiccup

pesticide

complimentary ticket

書道

あやとり遊び

びっくり箱

しゃっくり

殺虫剤

優待券

obesity

pole vault

portable shrine

shower of confetti

shape-memory alloy

tripod

肥満

棒高跳び

おみこし

紙ふぶき

形状記憶合金

三脚

foliage

the javelin
throw

kaleidoscope

smorgasbord

loss leader

constipation

やり投げ

葉

万華鏡

バイキング料理

便秘

目玉商品

■簡単なようでやけに難しい④

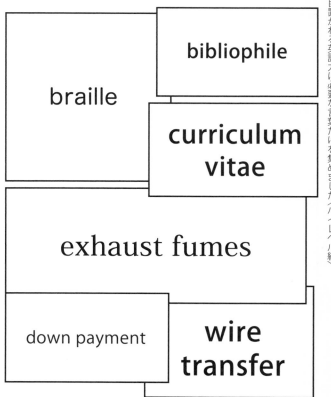

braille

bibliophile

curriculum vitae

exhaust fumes

down payment

wire transfer

点字

愛書家

履歴書

排気ガス

頭金

電子送金

■「学校」と「教育」についての言葉

doctoral thesis

alumni association

diploma

alma mater

rote learning

juvenile delinquency

博士論文

同窓会

卒業証書

母校

丸暗記学習

青少年非行 [犯罪]

■「エネルギー」についての言葉

epicenter

geothermal power generation

seismology

electromagnetic wave

hydroelectric power generation

reactor

震源地

地熱発電

地震学

電磁波

水力発電

原子炉

■知性がにじみ出る英単語

enzyme

Impressionism

the Big
Dipper

inaugural
address

photosynthesis

hieroglyphic
character

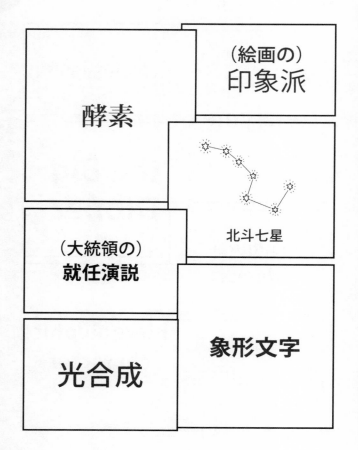

（絵画の）
印象派

酵素

北斗七星

（大統領の）
就任演説

象形文字

光合成

constellation

vapor trail

tow truck

no-frills hotel

Ferris wheel

derelict building

星座

レッカー車

飛行機雲

ビジネスホテル

（遊園地の）観覧車

廃屋

hypnotism

intelligence quotient

vocal mimicry

suffrage

facial recognition

insurance policy

催眠術

知能指数

声帯模写

参政権

顔認証

保険証券

coal mine

withholding tax

nomad

quarantine inspection

ventriloquism

wire tapping

炭鉱

源泉徴収税

遊牧民

検疫

腹話術

盗聴

■「会社」に関するムズい言葉

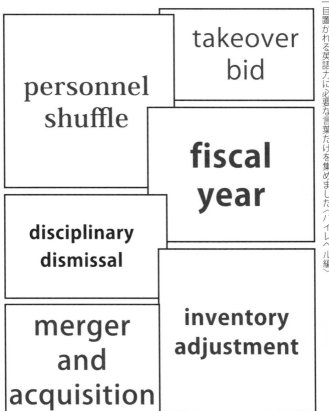

personnel
shuffle

takeover
bid

**fiscal
year**

**disciplinary
dismissal**

**merger
and
acquisition**

**inventory
adjustment**

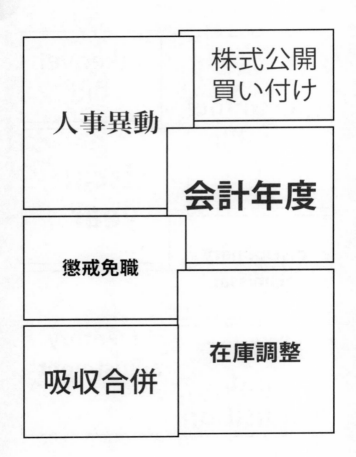

株式公開
買い付け

人事異動

会計年度

懲戒免職

在庫調整

吸収合併

■「動植物」に関するムズい言葉①

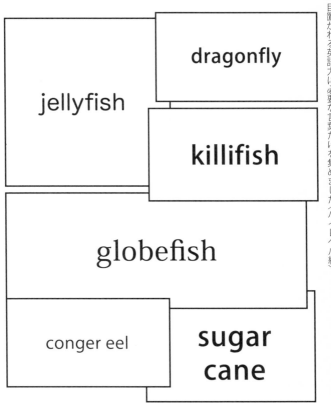

dragonfly

jellyfish

killifish

globefish

conger eel

sugar cane

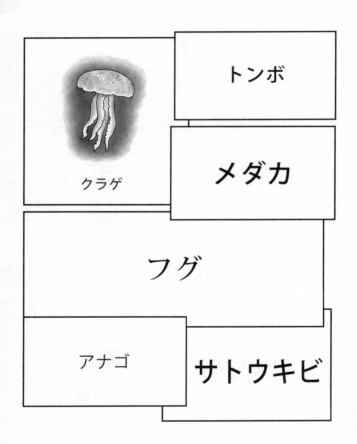

トンボ

メダカ

クラゲ

フグ

アナゴ

サトウキビ

■「動植物」に関するムズい言葉②

guinea pig

saury

sea otter

pupa

ladybug

chrysanthemum

モルモット

サンマ

ラッコ

さなぎ

テントウムシ

菊

amphibian

albatross

sweetfish

rhinoceros

termite

reptile

両生類

アホウドリ

アユ

サイ

シロアリ

は虫類

■「医療」に関するムズい言葉①

anorexia

pneumonia

diabetes

gastric ulcer

stethoscope

coli
bacteria

拒食症

肺炎

糖尿病

胃潰瘍

聴診器

大腸菌

■「医療」に関するムズい言葉②

plastic surgery

artificial respiration

leukemia

osteoporosis

autism

gynecologist

美容整形手術

人工呼吸

白血病

骨粗しょう症

自閉症

婦人科医

青春文庫

1秒ドリル！ 大人の英単語

2020年9月20日　第1刷

著　　者	小池直己 佐藤誠司
発 行 者	小澤源太郎
責任編集	株式会社プライム涌光
発 行 所	株式会社青春出版社

〒162-0056　東京都新宿区若松町 12-1
電話 03-3203-2850（編集部）
03-3207-1916（営業部）　　印刷／中央精版印刷
振替番号　00190-7-98602　　製本／フォーネット社
ISBN 978-4-413-09755-0
©Naomi Koike and Seishi Sato 2020 Printed in Japan
万一、落丁、乱丁がありました節は、お取りかえします。